FEITAS PARA
SERVIR

FEITAS PARA
SERVIR

COMO LUCRAR COLOCANDO O CLIENTE NO CENTRO DO SEU NEGÓCIO

FRANCES FREI E ANNE MORRISS

Copyright © 2014 HSM para a presente edição
Copyright © 2012 Maverick & Strong Limited
Título original: *The Strategy Book*

A edição desta tradução de *The Strategy Book* foi publicada de acordo com a Pearson Education Limited.

Tradução: Julio Monteiro de Oliveira
Preparação: Frank de Oliveira
Paginação: Clim Editorial
Capa: Carolina Palharini

Todos os direitos reservados. Nenhum trecho desta obra pode ser utilizado ou reproduzido – por qualquer forma ou meio, mecânico ou eletrônico, fotocópia, gravação etc. –, nem estocado ou apropriado em sistema de banco de imagens sem a expressa autorização da HSM.

1.ª edição – 3.ª impressão

ISBN: 978-85-65482-20-2

Dados Internacionais de Catalogação na Publicação (CIP)
(Câmara Brasileira do Livro, SP, Brasil)

Mckeown, Max
   Estratégia do planejamento à execução / Max Mckeown ; [tradução Julio Monteiro de Oliveira]. -- São Paulo : HSM Editora, 2013.

   Título original: The strategy book.

   1. Administração de empresas 2. Planejamento estratégico I. Título.

13-03761   CDD-658.4012

Índices para catálogo sistemático:
1. Planejamento estratégico : Administração de empresas 658.4012

Alameda Tocantins, 125 — 34º andar
Barueri-SP. 06455-020
Vendas Corporativas: (11) 4689-6494

Para nossas mães e nossos filhos,

que nos inspiram a servir

Sumário

Agradecimentos	*ix*
Introdução Se vivemos em uma economia de serviços, porque ainda estou na espera?	1
Capítulo 1 Verdade número 1: Não é possível ser bom em tudo	15
Capítulo 2 Verdade número 2: Alguém precisa pagar a conta	61
Capítulo 3 Verdade número 3: A culpa não é dos funcionários	97
Capítulo 4 Verdade número 4: É preciso administrar os clientes	133
Capítulo 5 A influência da cultura	175
Capítulo 6 Hora de crescer	207
Conclusão	247
Índice	*251*
Notas	*257*
Sobre as autoras	*263*

Agradecimentos

Uma das vantagens de trabalhar no universo acadêmico é estar cercado de pessoas que dedicam a vida à arte de educar. Como ensinam o tempo todo, quase sempre a gente acaba aprendendo algo no contato com elas. Aqui, tentamos homenagear os estudiosos que nos influenciaram durante a criação deste livro, muitos deles, colegas com os quais nos encontramos todos os dias. Sem dúvida, eles se tornaram nossos eternos credores.

Devemos muito, em especial, aos inovadores estudos sobre serviços feitos por Benjamin Schneider e David Bowen, autores de *Winning the service game*, e por Earl Sasser, Jim Heskett e Len Schlesinger, autores de *Lucro na prestação de serviços – como crescer com a lealdade e a satisfação*.[1] Ao capturar a importância do design corporativo e o papel essencial dos colaboradores na construção de empresas saudáveis, essas obras mudaram a forma como o mundo encara o setor de serviços. Também tivemos grande influência da coragem moral e intelectual de Clay Christensen, autor de *O dilema da inovação*[2] e que demonstrou uma capacidade extraordinária de destilar as verdades essenciais de um mundo de grande complexidade.

Nosso objetivo com a publicação deste livro é oferecer às pessoas as ferramentas (e a coragem) necessárias para mudar as empresas. Youngme Moon, autora do livro *Diferente – quando a exceção dita a regra*,[3] encarna esse tipo de liderança. Ela proporcionou a nós, e a muitos outros, a permissão para sonhar.

Como Youngme, a maioria das pessoas citadas neste livro estuda o mundo dos negócios. Em geral, não associamos a prestação de serviços com o mero ato de fazer dinheiro, mas para milhões de pessoas, todos os dias, a maior parte de suas interações está relacionada com o universo das transações monetárias. Será que perdemos nossa condição humana quando entramos na arena do capitalismo e buscamos lucro até nas sobras? Claro que não. Por isso, temos de ser capazes de reduzir a distância existente entre o desejo humano de servir e as frustrantes experiências de serviço que atualmente infligimos uns aos outros. Uma lacuna que, em nossa opinião, o mundo está bem perto de preencher.

Introdução

Se vivemos em uma economia de serviços, porque ainda estou na espera?

Nós vivemos e trabalhamos em uma economia de serviços. Em 1950, os profissionais empregados nas indústrias representavam o maior setor em todos os países desenvolvidos. Hoje, 80% dos postos de trabalho estão na prestação de serviços, área responsável por 80% do PIB norte-americano.

Todos nós apreciamos um serviço de qualidade. Segundo todas as pesquisas, trata-se de um diferencial significativo em nossa experiência como consumidores. Empresas que prestam um serviço com excelência obtêm uma parcela desproporcional de nossa renda, e a lealdade dos clientes costuma ser sólida. Enquanto escrevíamos este livro, conversamos com mais de uma pessoa que chegou às lágrimas ao lembrar de um atendimento solidário e humanizado quando tiveram de acionar a companhia de seguro ou buscar apoio da companhia aérea por conta do extravio da bagagem, em meio ao choro das crianças.

Consideramos o ato de prestar serviços algo muito especial. Temos refletido sobre os modos de cuidar dos outros – e comemorar os resultados – desde os primeiros registros da trajetória humana. Psicólogos da linha desenvolvimentista informam que a disposição para ajudar desconhecidos é uma característica comum na maioria de nós desde um ano e meio de idade. Servir é quase um impulso universal, que certamente pode ser coberto por outros instintos, mas, ao retirarmos as camadas de nossas motivações, com grande frequência encontraremos uma ambição essencial de ser útil aos outros.

Ainda assim, um serviço de qualidade é algo bastante raro. De acordo com nossa experiência, em todos os setores não faltam exemplos de frustração e decepção. Clientes, funcionários e proprietários não querem estar associados e muito menos ser submetidos a um serviço ruim, mas é isso o que vemos acontecer com frequência.

Por que é assim?

Esta pergunta move este livro: por que é tão difícil prestar um serviço de qualidade apesar da predisposição humana para isso? Como podemos canalizar o impulso natural de servir ao outro para uma produtividade maior, uma rentabilidade mais alta e a maior satisfação para todos?

Eis aqui o que aprendemos: um serviço de qualidade excepcional não decorre de uma atitude ou de um esforço, mas de escolhas de design feitas ao conceber um modelo de negócio. É fácil colocar a prestação de serviço em uma declaração de missão e, periodicamente, fazer o que for preciso para deixar um cliente satisfeito. A dificuldade está em projetar um modelo de serviços que permita que os funcionários médios (e não apenas os excepcionais) façam do atendimento excelente sua rotina diária. Empresas que prestam serviços acima da média criam ofertas, estratégias de financiamento, sistemas e culturas que não consideram a excelência algo apenas *ocasional*.

Neste livro tentamos mostrar como fazer o mesmo: como prestar um serviço de qualidade superior *by design*. A construção de qualquer sistema dinâmico envolve a avaliação dos *inputs* e *outputs*, ações e reações, e vários dos conceitos aqui abordados se originam de princípios básicos de engenharia. Mas é na psicologia que encontramos alguns dos maiores obstáculos à excelência, como a tendência a negar a realidade e a resistir aos *trade-offs*, aspectos que podem parecer contraintuitivos – ou, pelo menos, na contramão da *comodidade*.

Se você sair andando pela rua e perguntar a uma pessoa escolhida ao acaso sobre uma recente experiência com prestação de serviços (positiva ou negativa), é bastante provável que ouça o relato de um atendimento decepcionante. Sabemos disso porque nós, pessoalmente, desenvolvemos o mau hábito de invadir o espaço individual de pessoas desconhecidas com perguntas como essa. Há grande chance de o depoimento envolver um *call center* porque, como explicaremos mais adiante, essas estruturas são criadas para ser pouco confiáveis. Mas o relato também pode tratar de uma loja de departamentos, na qual o cliente precisa procurar alguém disposto a ajudar a localizar um par de meias, ou do recebimento de uma encomenda que chegou atrasada ou com partes faltantes, ou ainda da angústia de ser atendido por um sistema eletrônico com reconhecimento de voz ("Para falar com um de nossos atendentes, digite 9"), recorrendo a todas as opções possíveis em busca de uma alma generosa capaz de explicar porque o bonequinho falante que seu filho acabou de ganhar não diz uma palavra.

E isso porque vivemos no "século da prestação de serviços", certo?

Sem heroísmo

Nossa teoria é bastante simples: não é possível ser bom em tudo. No serviços, tentar fazer tudo de forma brilhante quase sempre resulta em mediocridade. A excelência exige sacrifícios. Para prestar serviços de qualidade naquilo que seus clientes mais valorizam é preciso dedicar menor energia a aspectos menos cotados. Ou seja: você precisa ter coragem para desempenhar *pior* algumas coisas.

À primeira vista, a ideia pode parecer antiética. Há pouco tempo, realizamos um trabalho junto a uma empresa de prestação de serviços de saúde. Só tivemos a oportunidade de conversar com o presidente nos últimos dias. Quando ele chegou, expusemos esse conceito, da possível relação entre o desempenho insuficiente e a excelência. O executivo reagiu imediatamente e alertou: "Não acredito que podemos nos dar ao luxo de ser ruins em algum aspecto". Em seguida, ele afirmou considerar a ideia de "nivelar por baixo" inconcebível, sobretudo para quem atua no setor de saúde. Imediatamente, várias pessoas ali presentes ergueram as mãos. A equipe discordou da afirmação e apresentou argumentos sobre possíveis *trade-offs* (no caso, a transferência de recursos de setores tidos como menos prioritários para os clientes para outros considerados essenciais), e o presidente reviu sua posição. "Entendi", falou ele. "É a forma que permite bancar nossa qualidade."

Líderes carismáticos às vezes acham que podem evitar *trade-offs* do gênero confiando na força da personalidade: se conseguirem motivar todo mundo, todos os aspectos funcionarão bem. Mas não é possível desenvolver um sistema baseado na crença de que todos os colaboradores desempenharão ao máximo o dia todo, todos os dias, por um período indefinido. Para que um sistema funcione, é preciso padronizar a eficiência, e isso não acontece na base do sacrifício constante. Isso só acontece se houver o design de um modelo no qual todo o espectro dos colaboradores (e não apenas os que apresentam desempenho extraordinário) não tem outra escolha a não ser incorporar a excelência à rotina de trabalho – o que só se torna possível a partir da construção de um sistema voltado especificamente para tal finalidade.

Na verdade, posturas heroicas podem ser uma armadilha. Conhecemos uma especialista em recuperação de qualidade de serviços que chega cedo e trabalha até tarde todos os dias, caçando falhas e superando os obstáculos de sua empresa de design de serviços. Sempre que há risco de perda iminente de um cliente, ela entra no circuito e, por meio de esforços sobre-humanos, conserta a situação. Mas, enquanto essa profissional estiver por perto, a empresa nunca enfrentará os sérios problemas que ela mesma criou, os "ralos" por onde escapa o dinheiro da organização e as oportunidades de crescimento perdidas – isso sem falar no risco de todos assumirem que essa agente tão especial jamais ficará longe. Quando se instala uma cultura de tolerância dos problemas, até os profissionais mais habilidosos no trato com os clientes podem se tornar cínicos, o que é comum em um processo de desgaste.

A prestação de um serviço de qualidade, pelo que percebemos, não resulta da pressão sobre as condições e a velocidade de algumas poucas pessoas extraordinárias. Ela se torna possível (além de lucrativa, sustentável e administrável) se partir de um projeto inicial que estimula a excelência em todas as partes.

As quatro verdades

Uma vez que você aceita a ideia dos *trade-offs* – e descarta a dependência dos "heróis da prestação de serviços" –, fica bem mais fácil incorporar as contribuições (ou *inputs*) para a excelência. Organizamos esses *inputs* em uma estrutura que chamamos de "as quatro verdades da prestação de serviços". Na verdade, tratam-se das premissas por trás dos elementos básicos de um bem-sucedido modelo de serviço de qualidade: oferta de serviços, mecanismo de financiamento para o serviço, sistema de gestão de colaboradores e sistema de gestão de clientes (figura I-1). Esses quatro pressupostos funcionam como "pilares mentais" de um modelo sustentável para a prestação de serviço excepcional:

FIGURA I-1

Princípios da excelência do serviço: atenção aos *trade-offs*, financiamentos, colaboradores e clientes

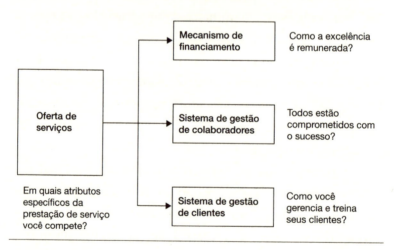

1. *Não é possível ser bom em tudo.* É preciso ser mediano em algo para ter excelência em outro aspecto. A excelência exige um desempenho menor em aspectos que o cliente valoriza menos para que sua empresa possa se sair muito bem nas dimensões que os clientes mais valorizam. Assim que essa premissa é aceita, a discussão sobre o que pode ser bom ou ruim precisa ser norteada por um profundo conhecimento dos clientes e de suas necessidades *operacionais.*

2. *Alguém precisa pagar a conta.* É preciso remunerar a excelência na prestação de serviços. Você pode encontrar uma forma palatável de passar esse custo para o cliente, de reduzir seus custos enquanto aperfeiçoa sua experiência em serviços ou de repassar parte do trabalho para os clientes. A escolha entre essas estratégias (e a identificação do mecanismo ideal de financiamento da operação) depende tanto das dinâmicas de seu setor de atuação (como a sensbilidade aos preços, por exemplo) como das relações específicas que você estabeleceu com seus clientes.

3. *A culpa não é dos funcionários.* As pessoas exercem um papel importante, mas não cabe a elas a incumbência de prestar um serviço acima da média. O que importa mesmo é o modo como seu modelo de serviço foi projetado, em específico o modo como você espera que colaboradores comuns se envolvam com a excelência e a transformem em um aspecto rotineiro. Em vez de criar um ambiente no qual os funcionários tenham tempo e espaço para se concentrar na satisfação dos clientes,

muitas empresas de serviço, na verdade, destroem a capacidade das pessoas de servir os outros.

4. *É preciso administrar os clientes.* É essencial assumir o compromisso de envolver os clientes na criação (e não apenas no consumo) da experiência com o serviço prestado. Em outras palavras, você também precisa criar um planejamento de gestão dos clientes. Para usar a metáfora envolvendo uma fábrica, o maior desafio da prestação de serviços está em uma situação na qual os consumidores chegam sem avisar e visitam a linha de montagem. Um bom resultado não se resume a evitar problemas: seus clientes precisam desempenhar um papel efetivo na produção em si – e, para isso, têm de receber treinamento, orientação e "equipamentos de segurança", entre outros itens.

Finalmente, é preciso disseminar esse modelo de serviço por meio de uma cultura corporativa que o reforce o tempo todo. Chegar ao design de serviço correto corresponde a apenas metade do desafio. A outra metade consiste em criar uma cultura condizente com esse modelo. Sobretudo na prestação de serviço, a cultura define uma parte enorme da experiência dos *stakeholders* – está presente em cada decisão de colaborador, em cada ponto de contato com o cliente. Com os seus clientes explorando o chão da fábrica, não há como esconder a parte menos nobre do processo em alguma gaveta.

Em nossa experiência, muitas vezes pedimos que as pessoas avaliem a seguinte definição de "liderança": na essência, a liderança consiste em transformar os outros em pessoas melhores a partir da presença do líder – *e certificar-se de que essa condição se mantém quando o líder não está presente.* Como líder, você cria as condições para que os outros (na prestação de serviços, estamos falando dos colaboradores e dos clientes), a seu lado, façam o que for possível para que esse padrão se mantenha mesmo no caso de sua ausência. A criação de bons sistemas faz parte desta "liderança ausente", mas a ferramenta mais poderosa para isso é, de longe, a cultura da casa. Além de orientar a tomada individual de decisões, ela também estabelece as bases para o comportamento e as ações da empresa. Em outras palavras, a cultura não se limita a dizer o que você deve fazer, mas também como você tem de pensar.

Em nossa opinião, é assim que funciona:

Excelência em serviços = design X cultura

Cada fator de nossa equação serviço-excelência tem o mesmo peso, o que permite uma certa margem de manobra. Uma cultura mais forte pode compensar em parte um design mais fraco, e vice-versa. No entanto, se um dos fatores for negligenciado você terá problemas e a excelência estará fora de seu alcance.

Se tem a ambição de crescer, aconselhamos que, antes de qualquer medida, você coloque essa equação em equilíbrio. Aumente o controle que exerce sobre a cultura e o design do serviço, compreenda os fatores que movimentam cada um deles e use-os de maneira mais estratégica. Nas páginas seguintes, não economizamos esforços para orientá-lo nesse processo. Assim que atingir esse controle, você terá basicamente duas escolhas no que se refere a aumentar sua atuação: fazer mais daquilo que já faz hoje ou apostar em coisas novas. Em nossa avaliação, fazer mais do que já é feito consiste em ampliar o modelo de serviços existente, enquanto iniciar novas frentes envolve a construção de novos padrões. As duas alternativas são viáveis, mas cada uma traz desafios específicos.

Personagens importantes

Dividimos esses conceitos em nome da clareza pedagógica, mas, na realidade, nossa teoria é bastante integrada. Não basta se concentrar apenas em um subconjunto desses conceitos, mas é preciso persegui-los como um todo. Assim, revisitamos várias das mesmas empresas citadas no livro para ilustrar como as partes atuam em conjunto. É claro que esses relatos são complementados por muitos outros ao longo do texto, mas apresentamos a seguir, por ordem de aparição, alguns dos protagonistas que serão mencionados várias vezes:

Commerce Bank – Com um modelo de negócios pouco convencional, que rompe as regras não verbais do relacionamento com os clientes, o Commerce Bank tornou-se o banco de varejo que mais cresce nos Estados Unidos.

Southwest Airlines – Exemplo apreciado pelos professores de administração, a Southwest continua uma exceção à regra que afirma que companhias aéreas sempre têm prejuízos e oferecem serviços ruins aos passageiros. E faz tudo isso provando que a oferta de um serviço fora do comum não é exclusividade de propostas sofisticadas ou caríssimas.

Ochsner Health System – A Ochsner presta serviços de saúde de alto nível em locais que ainda se recuperam dos estragos causados pelo furacão Katrina, ao mesmo tempo em que se destaca como líder na transformação do sistema de saúde norte-americano. Apesar da sensibilidade aos custos que caracteriza seus pacientes e da complexidade operacional do sistema de saúde, a empresa se recusa a oferecer um serviço abaixo da excelência.

Bugs Burger Bug Killers – Em um setor no qual os concorrentes apenas prometem o melhor, o BBBK tornou-se uma sensação ao *garantir* a total satisfação dos clientes. Mas isso significou que a operação habitual não era possível. Todas as pessoas, em especial os clientes, tiveram de se esforçar bastante.

Magazine Luiza – Essa imensa rede varejista brasileira oferece um serviço excepcional para um mercado pouco convencional: clientes pobres, sem conta em banco, moradores de áreas rurais, muitos deles praticamente analfabetos. Para que o modelo funcionasse, a empresa teve de desenvolver novos sistemas de gestão de clientes e de atendimento das necessidades.

LSQ Funding Group – O LSQ utiliza uma concepção de serviço inovadora não só para revolucionar o valor que cria para pequenas empresas, mas também para estimular a excelência como um item rotineiro da atuação dos colaboradores. Ao envolver boa parte das operações em um sistema intuitivo de tecnologia da informação, o LSQ permite que os funcionários apresentem um resultado excepcional desde o primeiro momento de seu desempenho.

Zappos – O destacado varejista da internet desenvolveu um bem-sucedido modelo de serviços, que apresenta de bom grado a um crescente número de observadores interessados em conhecer a estratégia. Isso acontece porque o verdadeiro segredo do sucesso extraordinário da Zappos é muito difícil de copiar: uma cultura organizacional que desafia abertamente as certezas mais básicas sobre como o trabalho e as transações comerciais devem acontecer.

Gostaríamos de ressaltar que estudamos essas e outras empresas em um momento específico, no qual as escolhas que tinham feito traziam alguma lição a ser ensinada ao mundo. Isso não significa que essas organizações mantiveram o *status* de modelo. Como acontece com muitas outras, algumas perderam o *momentum* ou até mesmo erraram o caminho. Às vezes, isso ocorre por causa da realidade de uma fusão ou aquisição: o modelo de serviço e a cultura de uma empresa podem ser absorvidos ou diluídos pelo comprador.[1] Pode acontecer de uma organização passar para as mãos de proprietários que não compreendem totalmente as origens de seu excepcional sucesso. Os novos donos podem gerir as cifras com habilidade, mas nem sempre identificam com clareza a relação entre as finanças e o aspecto operacional. Esperamos esclarecer essa relação tanto para os administradores atuais como para quem possa vir a substituí-los no futuro.

O compromisso de servir

Em resumo, queremos ajudar. Nossa colaboração nasceu da crença comum de que a disposição para servir faz parte da alma humana – e da observação partilhada de que essa vocação muitas vezes não se traduz em atos concretos de serviço, mesmo diante das melhores intenções. Frances observou esse fenômeno ao fazer sua pesquisa acadêmica e no contato com executivos que tentavam melhorar o serviço prestado por suas empresas. Anne teve contato com essa realidade nas linhas de frente do setor público e do terceiro setor. Não basta ter boas pessoas com boas ideias.

Nosso objetivo neste livro é ajudar a construir organizações capazes de refletir com exatidão sua humanidade e que sejam aptas a prestar, de fato, um serviço claramente fora do comum.

Capítulo 1

Verdade número 1:
Não é possível
ser bom em tudo

Vernon Hill é um banqueiro que começou no setor imobiliário, procurando e oferecendo terrenos para varejistas. Um de seus primeiros clientes foi o McDonald's, e há quem aponte o McLanche Feliz como inspiração para sua carreira bancária. Uma coisa é certa: fundador e presidente do conselho do Commerce Bank, Hill construiu uma organização de sucesso inegável, que redefiniu os papéis do setor. E ele conseguiu isso porque se atreveu a ser ruim.

O exemplo de Vernon Hill e sua criação, o Commerce Bank, nos permite mostrar como uma empresa consegue apresentar uma boa oferta de serviços a partir de uma série de escolhas feitas com cuidado e associadas a _trade-offs_ adequados.

Quando Hill começou, em 1973, sua intenção era fundar um banco diferente das principais instituições financeiras e inspirado nos varejistas de maior sucesso. Na época, o senso comum afirmava que o crescimento dos bancos dependia da oferta das taxas de juros mais interessantes sobre os depósitos. O setor também acreditava que a melhor forma de acelerar o crescimento era sair comprando outros bancos. O Commerce oferecia as piores taxas do setor e fez pouquíssimas aquisições, mas, ainda assim, tornou-se o banco de varejo de crescimento mais rápido nos Estados Unidos. Na década de 1990, o dinamismo da instituição levou a uma valorização de 2.000% no preço das ações.

O banco atingiu esse sucesso ao decidir ter excelência em algumas dimensões da prestação de serviços e desempenho ruim em outras.

Estratégia à vista

O Commerce Bank conquistou sua posição de líder ao decidir de forma estratégica as áreas nas quais iria demonstrar excelência – e ao entender, com bastante clareza, o que isso significaria para o resto do modelo de serviços. Hill começou apostando no óbvio: os clientes odiavam os horários limitados e o tratamento ruim oferecidos pela concorrência. Durante décadas, o termo "horário bancário" não era nada positivo. Para pessoas com emprego, filhos ou dependência de transporte público (ou todos esses fatores), o fato de um guichê de banco ficar aberto apenas entre dez da manhã e quatro da tarde, cinco dias por semana, era quase uma ofensa. Isso sem falar do nada agradável atendimento prestado pelos profissionais instalados nos caixas e da postura estoica dos responsáveis pelo crédito. Os bancários, arrogantes e mal-humorados, tinham virado personagens de comédia.

Esses clichês culturais significavam que as potenciais linhas de ataque do Commercial Bank (inconveniência, falta de atenção com o cliente) estavam claras para todo mundo, e não apenas para Hill. Mas como o Commerce conseguiu vantagem competitiva em aspectos como o horário de atendimento e a postura em relação ao cliente? A empresa criou um modelo de serviços baseado em um série de *trade-offs* integrados que a concorrência não quis (ou talvez não pôde) propor.

Com toda a atenção voltada para os clientes – que se sentiam descontentes com os serviços prestados pelos bancos de varejo tradicionais –, o Commerce criou um modelo pautado pela excelência. No aspecto relacionado aos horários, as agências passaram a funcionar sete dias por semana. De segunda-feira a sexta-feira, o atendimento no Commerce Bank abria das 7h30 às 20h. Nas sextas-feiras à noite, guichês em sistema de *drive-thru* funcionavam até a meia-noite, com todo o atendimento convencional em funcionamento aos sábados e domingos. A medida deu à instituição o melhor horário de atendimento do setor bancário, fazendo jus ao slogan "O banco mais conveniente dos Estados Unidos". Mas esse tipo de conveniência custa caro – na verdade, o custo de manter agências abertas por mais tempo constituía o principal motivo pelo qual os concorrentes não faziam o mesmo.

Por que esse problema não afetou o Commerce Bank? Por causa das escolhas no design de seus produtos. O Commerce pagava as taxas sobre depósitos mais baixas do mercado. O capital adicional decorrente dessa decisão rendia à empresa os recursos necessários para financiar a ampliação do horário de atendimento.

Em outras palavras, horário conveniente e taxas baixas eram fatores diretamente relacionados. O Commerce Bank conseguia oferecer excelência no horário por causa das taxas desanimadoras que oferecia.

Já vimos esse padrão em excelentes organizações de serviço, independentemente do setor, da localização geográfica ou do posicionamento de mercado. Como o Commerce Bank, essas empresas fazem muitas coisas bem, mas, contrariando o senso comum, também executam outras de forma pior – bem pior. O segredo está em se certificar de que os aspectos que ficam a desejar estão a serviço da excelência em outros atributos.

Esse ponto é crucial para entender como oferecer um serviço extraordinário. De acordo com nossa experiência, o principal obstáculo à prestação de serviços de qualidade (de longe, o obstáculo número 1) é a falta de vontade emocional de aceitar as próprias fraquezas. Mas não poderia ser mais claro que, para vencer em uma área, é preciso perder em outra. O progresso exige sacrifícios. Algumas partes de sua oferta de serviço terão de ser jogadas aos leões.

No entanto, fazer uma escolha equivocada pode funcionar como um golpe na alma. Uma escolha ruim significa sensações ruins, em especial em setores movidos por uma missão, como os de saúde ou educação, nos quais os gestores sentem o impulso moral de pelo menos *tentar* ser bom em todas as áreas. Claro que não é isso o que vemos. Uma escolha ruim é um golpe definitivo na busca da grandeza, e manter-se nela equivale a optar pela mediocridade.

Escolhas difíceis

Mas como escolher os pontos em que vale a pena buscar a excelência e os pontos em que é aceitável ser inferior? O Commerce Bank sabia que seus clientes-alvo valorizavam muito mais os horários de atendimento do que as taxas, de modo que este último item foi o primeiro a entrar na lista dos aspectos não-prioritários. Mas a empresa não se conformou em ficar na média ou

FIGURA 1-1

A contratação de funcionários com ótimo desempenho em vários aspectos custa caro

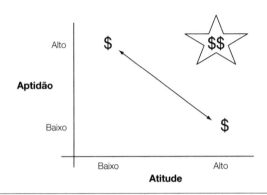

pouco abaixo dela: o Commerce resolveu radicalizar, oferecendo as piores taxas do mercado. Nossa versão para um slogan informal seria "Ninguém paga menos pelo seu dinheiro".

Este foi o primeiro de alguns *trade-offs* importantes. O Commerce Bank também queria ser o melhor na categoria "relacionamento com o cliente". Desejava construir uma experiência exemplar, movida sobretudo pela orientação cuidadosa por parte da equipe de atendimento. Para isso, começou a investigar a dinâmica dos colaboradores em seu setor. O que a empresa descobriu (e nós também constatamos em todos os setores) é que sai muito cara a contratação de mão de obra que se revela "a melhor possível" tanto em atitude quanto em aptidão. Todo mundo adora a competência integral, e o mercado para esse tipo de talento está sempre receptivo, mesmo em tempos de dificuldades econômicas. Em consequência, esse colaborador pode custar até o dobro de um colega que se revela excelente em apenas uma dessas dimensões (figura 1-1). Na comparação, os profissionais de categoria excepcional eram onerosos demais para o setor dos bancos de varejo.

O Commerce Bank não tinha meios de contratar profissionais de destaque tanto em atitude como em aptidão. E fez sua escolha: apostou na atitude. O banco decidiu imprimir a melhor atitude em todos os aspectos, orientando suas contratações quase exclusivamente com base no entusiasmo e na capacidade de se relacionar com os outros. As pessoas com esse perfil que foram contratadas logo acabaram com a fama de atendimento ruim. Os funcionários do Commerce Bank eram simpáticos e felizes! Gentis! De bom grado, cumprimentavam os clientes na porta do banco e os acompanhavam de guarda-chuva até o carro em dias de mau tempo. Eles faziam parte da Wow Patrol, um organismo itinerante que se deslocava de agência em agência para se certificar de que os colegas e clientes estavam à vontade. Dessa maneira, o Commerce Bank transformou o árido atendimento bancário em algo agradável.

Ao deixar de lado a aptidão, o banco poderia ter enfrentado alguns riscos. Pessoas com poucas habilidades técnicas, ainda que simpáticas e agradáveis, podem não ser capazes de fazer a distinção entre 27 tipos de contas-correntes, e menos ainda explicar de forma sucinta os complexos instrumentos financeiros a um investidor prudente. Por isso, para acomodar essa escolha, o Commerce Bank simplificou a oferta de produtos de forma dramática. A instituição praticamente vendia uma conta corrente e ponto final, o que a colocou em último lugar nas aferições de vendas cruzadas no setor.

Mas a decisão também resultou no primeiro lugar no quesito "experiência do consumidor". Para ganhar a liberdade de contratar os funcionários necessários, o banco optou não apenas por ficar abaixo da média em itens como inovação e variedade de produtos, mas assumiu o último lugar desse ranking. Em contrapartida, os clientes da casa recebiam o que mais queriam: o melhor relacionamento em todo o setor bancário.

Vale observar o que o banco fez. Ficou em último lugar em algumas dimensões da prestação de serviços (como nas taxas pagas e no mix de produtos), mas se destacou pela qualidade em outros quesitos, como horário e qualidade de atendimento. Ou seja, pôs o ruim a serviço do bom. Parece simples, mas a coragem de escolher taxas baixas de remuneração e mau desempenho nas vendas cruzadas soava no princípio como um atentado ao desejo de crescimento do banco. Essas escolhas funcionaram porque ser ruim, no caso, servia como combustível para desenvolver uma excepcional experiência de atendimento.

A figura 1-2 registra o desempenho relativo do Commerce Bank nas dimensões que acabamos de abordar. No eixo vertical, aparecem elementos como se pudéssemos ler a mente dos clientes da instituição e saber quais características do serviço eles mais valorizam, e em que ordem. Vale notar que o Commerce adota uma escala de avaliação que vai de 5 ("o melhor") a 1 ("o pior"). A instituição conseguiu tamanho sucesso porque teve a sabedoria de identificar onde deveria jogar para ganhar e onde poderia perder. Ser "o último da classe" nos quesitos menos valorizados pelos clientes permitiu obter a excelência nos aspectos considerados mais valiosos. Eis o segredo: é preciso ser ruim em uma coisa para ser excelente em outras, e a chave consiste em saber identificar essas categorias.

FIGURA 1-2

Podemos aplicar a mesma lógica em outras empresas bem-sucedidas e vamos começar com alguns exemplos conhecidos. Vejamos o caso da Southwest Airlines. No gráfico de estratégia representado na figura 1-3 (uma ótima ferramenta de visualização desenvolvida por um colega da Harvard Business School, Jan Rivkin), os aspectos relacionados no eixo vertical são listados por ordem de importância. Para facilitar, chamaremos esses gráficos de *mapas de atributos*. No caso da Southwest, é possível ver que os preços baixos das passagens aparece em primeiro lugar, seguidos do item atendimento cordial. Na base, o aspecto menos valorizado é a quantidade de destinos servidos e a qualidade do serviço de bordo. Vale notar também o desempenho da Southwest: é a melhor da classe nos quesitos desejados por seus clientes, e a pior nos aspectos menos valorizados.

FIGURA 1-3

Mapa de atributos da Southwest Airlines

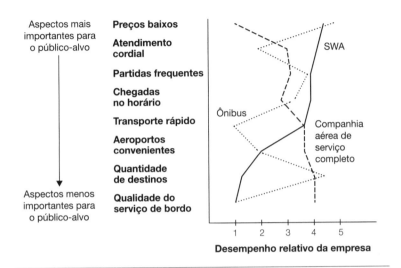

O mesmo se aplica ao Walmart. Os aspectos avaliados no que se refere à importância atribuída pelos consumidores aparecem no eixo vertical do mapa de atributos da rede varejista (figura 1-4). Os baixos preços dos produtos lideram a lista, e em segundo lugar aparece a amplitude da oferta de categorias de produtos. Como itens menos valorizados estão a orientação dos vendedores e o ambiente.

O desempenho do gigante varejista nas últimas três décadas sugere que a empresa conhece bem seus clientes e vem conseguindo satisfazer suas expectativas. Mas vale ressaltar que a empresa, assim como o Commerce Bank e a Southwest, não tem excelência nem desempenho mediano em todos os aspectos. Na realidade, sua oferta de serviços é um conjunto de atributos muito acima ou muito abaixo da média, ocupando os extremos positivo e negativo do gráfico.[1]

FIGURA 1-4

Mapa de atributos do Walmart

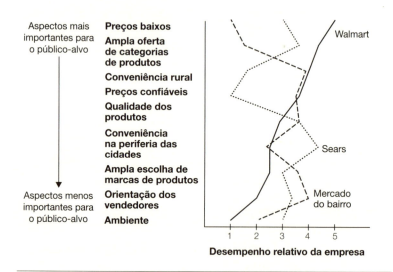

Os executivos do Walmart não ficariam surpresos ao saber que as lojas da rede são ambientes com iluminação insuficiente e pouca oferta de ajuda por parte da equipe de vendas. Essas opções reduzem os custos operacionais e dão à loja a possibilidade de cobrar menos em uma ampla variedade de produtos. Tais escolhas, enfim, garantem a excelência da empresa em outras dimensões, consideradas mais importantes. O Walmart teve a coragem de permitir que seus clientes solucionem os próprios problemas em um ambiente austero em troca de "preço baixo todo dia" – e os consumidores adoraram essa ideia.

Mas como fazer um acordo desse tipo com os clientes? O Commerce Bank começou investigando o que desagradava as pessoas, identificou esses aspectos e os detalhou, tanto junto aos consumidores como entre os gestores da instituição.

Quase todos os setores também têm aspectos que desagradam os usuários. Todo mundo sabe que esperar até às quatro da tarde pela chegada do técnico da TV a cabo, que marcou a visita para as nove de manhã, é enlouquecedor. Da mesma forma, sabemos que nenhum consumidor de serviços de telefonia celular gosta de ficar preso a um contrato de longo prazo com uma operadora. As empresas também sabem de tudo isso, mas acham que conseguem administrar esses aspectos falhos.

Em sua maioria, os executivos acreditam que não há possibilidade de bancar o custo da melhoria dos serviços. Consideram complexo (e caro) demais montar um sistema que garanta a pontualidade no atendimento dos clientes. De sua parte, as operadoras de celulares *não têm escolha* a não ser "prender" os consumidores a um contrato se quiserem subsidiar a compra dos aparelhos. Essas percepções são consideradas aspectos da realidade, até que um concorrente como o Commerce Bank mostre o quanto são ridículas.[2]

Queremos fazer uma pequena pausa para responder a algumas perguntas comuns quando falamos desse assunto. Será que já não ouvimos trechos dessa teoria antes? Não é uma boa estratégia saber o que não está sendo feito? Resposta: sim, é. E, como paralelo, vale saber também o que não está sendo feito *de modo adequado* em termos de excelência de serviço. De acordo com nossa experiência, essa decisão pode ser bem mais difícil. Os gestores do Walmart não decidiram negligenciar a ambientação das lojas. Em vez disso, a empresa apenas optou por permitir que o ambiente de suas lojas fosse inferior ao de suas concorrentes, da mesma forma como Hill e sua equipe decidiram que o Commerce Bank iria oferecer taxas piores e uma cartela de produtos mais limitada do que os demais bancos do setor. Com frequência, é mais difícil fazer de um jeito pior do que simplesmente não fazer, sobretudo quando a satisfação dos clientes está em jogo. Em alguns casos, pode parecer um desafio à integridade, como se o profissional optasse por nivelar por baixo seu comprometimento em servir os outros. Por outro lado, porém, pode ser sua única maneira de proporcionar o que as pessoas realmente querem.

O caso da Kiva

A Kiva, autodefinida como "a primeira plataforma de empréstimos *online* do mundo", faz a conexão entre as pessoas que emprestam dinheiro e empreendedores sem recursos situados em todas as partes do mundo. O portfólio total de empréstimos da instituição chegou ao notável patamar de US$ 200 milhões no início de 2011, com uma média de empréstimos estimada em até US$ 400.

O objetivo da organização sem fins lucrativos é criar condições para que até o usuário mais pobre, situado em áreas remotas devastadas por guerras, tenha a chance de criar oportunidades de negócio. Mas tal realidade só poderia se instalar de maneira sólida se a Kiva fizesse algumas escolhas essenciais em seu modelo de negócios.

E foi aqui que a Kiva resolveu apostar na excelência. A maioria das organizações no setor de desenvolvimento comercial global capta recursos de uma rede de "clientes" (também chamados de doadores), retém uma porcentagem para financiar as operações e aplica o restante onde considera adequado, em geral para dar apoio a entidades instaladas em locais afastados. Em geral, os doadores não têm a menor ideia do destino das contribuições, e menos ainda de como sua doação foi utilizada. A Kiva, porém, fez a escolha radical de eliminar o papel de intermediário atribuído à organização, investindo na relação direta entre doadores e tomadores dos empréstimos.[a] Assim, os doadores podem escolher para quem querem destinar seu empréstimo, bem como o valor investido. Para o segmento de colaboradores almejado pela Kiva, essa postura transparente e a possibilidade de controle são itens que aparecem com alta valorização no ranking de prioridades. Em consequência, os autores dos empréstimos (cerca de 570 mil pessoas) se dizem excepcionalmente satisfeitos. A taxa de crescimento mensal da carteira de crédito é de cerca de 30%.

Mas o que torna a experiência tão singular? Na condição de colaborador da Kiva, você pode, por exemplo, consultar o site da instituição, avaliar os vários pedidos de empréstimo e optar por ajudar uma pessoa chamada Busena a comprar um motocicleta, para ampliar sua capacidade de trabalho em uma área rural do Sudão. Busena precisa de US$ 100 e você decide emprestar esse valor. Você provavelmente terá seus próprios motivos para investir em tal pessoa, talvez por achar que a iniciativa dela pode exercer um impacto positivo para as mulheres dessa área do mundo, que abriga uma população pobre e desassistida. Ou talvez por acreditar no poder de transformação do modelo da Kiva em um ambiente de marginalização. São critérios pessoais de investimento.

A Kiva inova ao não pedir que você confie nos critérios estabelecidos por outra pessoa dentro de uma estrutura grande e burocrática. Da mesma forma, também permite que Busena e todos os outros tomadores de empréstimos decidam o que fazer para melhorar sua condição de vida. Delegar o poder de decisão a gente como Busena aparece como outra prioridade dos "clientes-alvo" da Kiva. Esse grupo tende a achar que a tradicional forma de ajuda, baseada na caridade, tem pouca eficiência quando se trata de combater a pobreza.

Qual foi o *trade-off* feito neste caso? Para financiar a criação de uma sólida infraestrutura de tecnologia da informação, a Kiva teve de abrir mão do investimento em outros serviços, como o programa de orientação dos doadores no que se refere a questões globais ou a realização de eventos, como, por exemplo, jantares de honra para agradecer às pessoas que fizeram empréstimos. Com

FIGURA 1-5

Mapa de atributos da Kiva

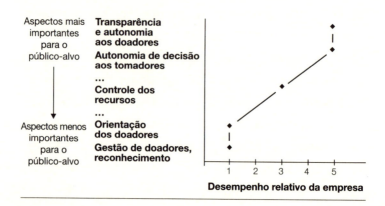

overhead reduzido, a organização precisa confiar no trabalho voluntário em algumas funções essenciais, como acompanhar e avaliar o desempenho dos empréstimos (figura 1-5). Mas o fato é que os colaboradores da organização querem essa priorização e ninguém se incomoda com as escolhas feitas. Em troca, eles ajudam a criar oportunidades em lugares esquecidos do mundo, mediante uma contribuição de apenas US$ 25. Ou seja, a Kiva também encontrou uma forma de cumprir mal alguns aspectos para fazer bem aquilo que interessa.

a. A Kiva prefere os termos "autor" e "tomador" de empréstimos por considerar que preservam a dignidade do relacionamento. Em nome da clareza, porém, às vezes são usados os temos "doadores" e "clientes".

A exceção vinda do Cipriani

Quando apresentamos a executivos nossa teoria sobre a necessidade de ser "ruim", às vezes encontramos sinais de compreensão e aceitação, ao lado de claros indícios de desconfiança. Em geral, enfrentamos a convicção das equipes de que a regra pode valer para outras empresas, mas certamente não para a delas. Essa crença fica clara na mudança de postura das pessoas e na relutância em olhar diretamente nos olhos. Com grande frequência, encontramos uma saraivada de declarações desafiadoras: "Mas nós somos a empresa X! Temos de ser bons em tudo!" Raramente ouvimos uma resposta que não cite profissionais sobrecarregados, clientes frustrados e investidores descontentes. Acreditamos que essa insatisfação seja um resultado esperado quando uma organização se propõe a ser ótima em todos os aspectos.

Para ajudar os executivos a combater essa ideia, oferecemos como exemplo o caso da rede Orient Express Hotels (OEH), administradora do incrível Hotel Cipriani de Veneza, entre outros estabelecimentos de alto luxo e sofisticação. Os hotéis da rede são cobrados para atingir a nota máxima em todos os quesitos de avaliação. No Cipriani, os hóspede pode alugar um *palazzo* com mordomo, além de vaga no ancoradouro para acomodar seu barco. Mas mesmo quem chega de avião pode admirar as cadeiras e cortinas de tecidos da marca Rubelli, ou apreciar um prato de *orecchiette* preparado pelo experiente chef Renato Piccolotto, que se destaca na culinária veneziana desde 1970. No Cipriani tudo é lindo e organizado de forma consoante com as tradições preservadas há séculos. Mas há um detalhe: os hotéis da rede OEH, entre eles o Cipriani, cobram 50% a mais do que o concorrente mais próximo, ainda que estejamos falando de um estabelecimento da rede Four Seasons. Se seu setor de atuação permite cobrar um acréscimo de 50% sobre o preço médio do mercado, é claro que se torna possível garantir a perfeição em todos os aspectos. Na atual realidade econômica, porém, achamos bastante difícil que essa seja uma condição viável para muitas empresas.

Em outras palavras, a grande maioria das organizações tem duas alternativas (figura 1-6). A opção B (tentar desempenhar ao máximo em todos os atributos, mas se contentando em nem sempre chegar lá) é emocionalmente mais fácil e menos arriscada para as pessoas. Com essa alternativa, não é preciso conhecer bem seus clientes. Mesmo que as preferências deles evoluam (ou seja, se a ordem dos atributos representados no

FIGURA 1-6

Opções para as empresas decidirem se – e onde – vão deixar a desejar

Eixo Y – Atributos essenciais (em ordem de prioridade para o mercado-alvo)
Eixo X – Desempenho relativo da empresa

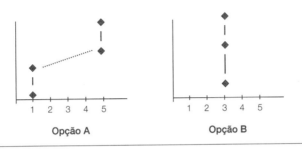

eixo vertical se modificar), sua empresa continua bem. Por outro lado, a opção A (apresentar excelência em alguns aspectos e deixar a desejar em outros) pode parecer assustadora. Você precisa escolher os aspectos nos quais irá concentrar a busca pela excelência e nos quais os erros podem custar caro. A opção A torna a B mais atraente, ao menos até você perceber que esta última o deixará preso na mediocridade.

Além da aversão a riscos, há outro fator psicológico que favorece a alternativa B: é da natureza humana tentar evitar as fraquezas ou usar os aspectos frágeis para encontrar caminhos da melhora. De fato, a maioria das análises de deficiência se baseia nessa ideia e, apoiada em código de cores, tende a reforçar a seguinte orientação: identifique sua principais falhas (pintadas de vermelho) e melhore-as, passando em seguida para a zona amarela. No entanto, essa abordagem pode ser desastrosa. Muitas vezes, são certas fraquezas que possibilitam os pontos fortes de uma empresa, e se este for seu caso, aproximar-se do padrão dos concorrentes pode realmente prejudicar seu desempenho, transformando um bem-intencionado esforço de melhora em um exercício estrategicamente perigoso.

Leis da física

Para um gerente no setor de serviços, deixar a desejar em alguns aspectos para obter excelência em outros é uma ideia no mínimo provocadora. Para um gerente de produtos, não passa de tediosa rotina. Vejamos o caso do MacBook Air.

Quando a Apple se propôs a apresentar um produto com destaque absoluto no quesito leveza, sabia que ele não seria grande coisa no que se refere à memória. É claro que, a cada ano, os engenheiros da empresa tentam superar essa fronteira e melhorar os dois aspectos, mas em determinado momento todos sabiam que para ter um atributo era preciso abrir mão do outro.

A Apple em geral não fica tomada pela angústia com tais *trade-offs*. A empresa sabe que, se incluir muita memória (ou outros atributos), corre o risco de prejudicar o grande diferencial do aparelho: o peso leve. Como a maioria dos fabricantes de produtos físicos, os gestores da Apple estão acostumados a desafiar as leis da física. Os engenheiros da Volvo sabem que precisam priorizar a segurança em detrimento do aspecto esportivo, e os criadores dos modelos da Zara, marca de roupas badalada e de preços moderados, têm consciência de que precisam priorizar o uso de materiais de baixo custo em derimento de itens duráveis. Quem toma as decisões tem contato direto com essas escolhas e sabe que não é possível ter tudo. Mas nem por isso sente menos orgulho de seu trabalho. Ao contrário: essas empresas entendem que, ao assumir as limitações, garantem o privilégio de oferecer excelência.

As pessoas que trabalham dentro dos limites do produto físico tendem a lidar melhor com a ideia de *trade-offs*. Um exemplo é a regra que se ouve com frequência no mundo da construção civil, segundo a qual os clientes devem esperar a entrega de apenas dois dos três requisitos seguintes: prazo, qualidade ou preço. É possível construir algo com qualidade em um período curto, mas custa caro. Da mesma forma, dá para erguer uma obra rapidamente gastando pouco, mas com a qualidade comprometida. Há ainda a chance de obter qualidade por preço competitivo, mas a espera será longa. Tal situação é conhecida como "o triângulo impossível" e, portanto, não faz sentido ansiar pela entrega dos três atributos.

Nosso objetivo está em trazer o mesmo tipo de percepção para os gestores de serviços, que muitas vezes agem como se as leis da física não valessem para eles. Sem se constranger, eles estabelecem como meta obter o custo mais baixo, a qualidade mais alta e o sistema de fornecimento mais ágil do planeta. Muitos líderes também acham que, ao pedir excelência em tudo, estão estimulando suas equipes. De acordo com nossa experiência, costuma ocorrer o contrário: o cinismo torna-se um elemento constante entre os funcionários da linha de frente, enquanto os superiores passam a negar a realidade.

Na prática

Em nossos estudos, recomendamos uma fase de diagnóstico na qual a empresa elabora seu próprio mapa de atributos, similar aos reproduzidos neste capítulo mostrando os casos do Commerce Bank, da Southwest Airlines, do Walmart e da Kiva. Esse processo permite mais do que mapear o que tem mais ou menos importância para os clientes, mas também sinaliza o quanto a forma de proceder da organização está de acordo com essas preferências.

A ideia básica é simples. No eixo vertical, relacione os vários atributos do serviço prestado, em ordem de importância *de acordo com a opinião de seus clientes*. Em outras palavras, relacione em ordem decrescente os atributos do serviço que seu cliente-alvo considera mais importantes. No eixo horizontal, represente o seu desempenho, novamente sob a perspectiva do consumidor. Depois, registre a performance de seus concorrentes nas mesmas dimensões.

Com frequência, é mais fácil falar sobre esse exercício do que realizá-lo. O que resulta é uma orientação que deve ser útil para sua empresa. Costumamos recomendar a realização dupla do exercício: uma vez no contexto interno, sem dados vindos dos clientes ou concorrentes, e depois com o acréscimo de dados externos. O processo vai forçar o gestor a desenvolver e esclarecer suas teorias de pesquisa, mas também pode revelar eventuais inconsistências ocultas na forma como os colaboradores pensam a respeito dos clientes e dos concorrentes. Verificar tais inconsistências serve como grande motivação para que todos os envolvidos acertem o passo.

Costumamos comparar essa primeira etapa interna como a fase de preparação de uma parede antes de começar a pintura, em uma boa metáfora sobre o aprendizado – que só ocorre quando as pessoas estão preparadas para ele. Para mudar corações e mentes, muitas vezes é preciso primeiro libertar tais órgãos, o que é especialmente importante no caso de empresas que contam com certo tempo de atuação ou em culturas nas quais as melhorias não merecem reconhecimento em todos os níveis organizacionais. Quando sua empresa cria um mapa interno de atributos, não raro descobre que as pessoas estão trabalhando com visões totalmente diferentes no que se refere aos clientes e concorrentes, o que pode ser complicado para o aspecto produtivo – e altamente motivante para se investigar de perto.

Passo n° 1: Elaboração de um mapa interno de atributos

Para criar um mapa interno de atributos para sua empresa, é preciso reunir grupos de tamanho administrável – grandes o bastante para incluir a diversidade de pensamento mas não a ponto de estimular a participação passiva. Costumamos sugerir a formação de grupos com cinco a sete pessoas e, de acordo com nossa experiência, a *representação diagonal* funciona melhor nesse tipo de atividade. É importante contar com uma diversidade de perspectivas na equipe, além de representantes de diferentes níveis hierárquicos. Misture esses elementos com profissionais dos setores operacional e comercial, com funcionários da linha de frente (que têm contato direto com os clientes) e pessoas que atuam no *back-office*, ou seja, nos setores administrativos. Inclua colaboradores com bastante poder de decisão e outros sem esse atributo. Reunido o grupo, oriente--o para criar um mapa de atributos dos serviços para um dos mercados mais relevantes da empresa.

Peça que o grupo se concentre nos clientes mais importantes. Se tivessem alguns clientes à sua frente e fosse possível ler pensamentos, o que vocês descobririam sobre as opiniões e sensações mais comuns? O que eles julgam importante? Faça um *brainstorming* com todos esses elementos da experiência de serviços que se mostram relevantes para seu consumidor.

O resultado de tudo isso é o que chamamos de *nuvem* de atributos. O passo seguinte consiste em organizar esses elementos do mais importante ao menos valorizado, *sempre a partir da óptica do cliente.* Anote os itens que considera que seus clientes mais valorizam, em ordem decrescente. Em geral, é nessa etapa que as diferentes visões da perspectiva do cliente costumam se manifestar. Aproveite a oportunidade e tente extrair o máximo desse confronto. Conforme os integrantes tentam convencer uns aos outros, surgem importantes divergências nas atitudes da empresa em relação aos clientes, à consistência das crenças e se há sustentação empírica para sustentar tais crenças. (Detalhe: isso raramente acontece.)

Se o grupo não conseguir chegar a um consenso, recomendamos seguir adiante por meio da adoção de um processo democrático simples. Peça que as pessoas apontem as três prioridades atribuídas aos clientes: os aspectos mais votados serão considerados os mais importantes.

Marketing X setores operacionais: e se meus clientes quiserem coisas diferentes?

A discussão dos atributos, em geral, revela que clientes diferentes dentro de um mesmo segmento tendem a valorizar as coisas com métricas distintas, e é muito importante identificar esse fenômeno. Ao mesmo tempo em que a maioria das empresas tem dificuldades para descrever os perfis de seus mercados-alvo, muitas se esforçam para reunir detalhes operacionais suficientes a fim de precisar as necessidades dos consumidores. A capacidade de fazer isso é crucial para a criação e a realização de um serviço excelente.

Descrevemos como a maioria das empresas classifica seus clientes na forma de *segmentos de mercado*, rótulos usados para identificar e se comunicar com diferentes tipos de consumidores. Nós chamamos a classificação de clientes por prioridades de serviço de *segmentos operacionais*. O eixo vertical do mapa de atributos pode ser considerado um segmento operacional. O objetivo da etapa de diagnósticos está em revelar todos os segmentos operacionais distintos – ou seja, todas as demandas de atributos oferecidos por sua empresa.

Algumas vezes, os segmentos operacionais e os segmentos de mercado coincidem, mas muitos gestores descobrem que estão tentando atender a mais de um segmento operacional usando um único segmento de mercado. Vejamos o caso de uma pré-escola que analisamos. A escola havia identificado os tipos de famílias que mais combinavam com sua cultura e filosofia no que se refere à educação infantil, e dedicava esforços para recrutar jovens famílias que acreditassem na prioridade de estimular a curiosidade e a capacidade de fazer conexões em detrimento do aprendizado tradicional (ensino de números e de letras) para crianças pequenas. A escola também queria famílias interessadas em delegar as decisões curriculares a profissionais (em oposição a um modelo de envolvimento e cooperação entre pais e a escola). Todas as decisões quanto a público-alvo baseavam-se nesses perfis.

No entanto, dentro desse segmento de mercado, a escola identificou dois segmentos operacionais com necessidades de serviço bem diferentes: 1) famílias cujos pais trabalhavam durante o horário convencional de expediente; e (2) aquelas com um dos pais em casa durante o dia. Ficou claro que havia uma diferença imensa nas preferências desses dois grupos, o que impactava bastante as operações da escola. Os pais com trabalho em horário convencional priorizavam uma jornada escolar que se estendesse entre 8h30 e 17h30, contato esporádico com os professores e serviços "extras", como orientação para os pais. Já no caso das famílias com um dos pais em casa, era considerado um item importante a comunicação direta com os professores na hora de buscar as crianças, por exemplo, a oportunidade de participar de eventos promovidos pela escola e a realização de reuniões em horários que não afetassem as refeições da família. Cada segmento partilhava os mesmos objetivos e valores, mas media a excelência do serviço por critérios totalmente diferentes.

Os gestores da escola finalmente chegaram a um momento de decisão enfrentado por muitas organizações: a escola deveria mirar apenas um dos segmentos operacionais ou construir um modelo capaz de atender vários segmentos? Vamos explorar a situação em detalhes mais adiante. Neste momento, o desafio é identificar os segmentos operacionais. Quantos existem? É preciso criar um mapa de atributos para cada um.

Depois que as prioridades dos clientes estiverem registradas no eixo vertical, é hora de fazer um ranking considerando os concorrentes em cada dimensão. Mais uma vez, é preciso observar os clientes mais importantes. Pense no que eles priorizam e avalie o quanto você e seus concorrentes atendem cada aspecto. Use uma escala de 1 a 5 e classifique sua empresa e os competidores imediatos. Nessa hora, é comum ouvir que os clientes não dispõem de informações completas, que o desempenho superior de uma organização é tratado como um segredo e precisa ser guardado. Pode ser verdade. Agora, vejamos a perspectiva dos consumidores: faça um ranking considerando o que os clientes pensam sobre você e seus concorrentes.

Com a informação acima, temos condições de dar o primeiro passo para a confecção do mapa de atributos, um para cada segmento operacional. Quando vemos os resultados dos clientes, podemos ter uma reação intensa: algumas vezes surge um silêncio atordoante, em outras, suspiros de reconhecimento. Muitas vezes, dividimos os executivos de uma empresa em cinco grupos ou mais e pedimos para fazer esse exercício com o mesmo mercado-alvo. Com grande frequência, recebemos cinco representações diferentes, o que é um dado revelador, pois significa que a organização encontra-se difusa de forma improdutiva, às vezes vivendo em realidades bem diferentes. Assim, há pouca probabilidade de otimizar a empresa no que se refere aos atributos que os clientes valorizam de fato.

Mas o que é exatamente um atributo?

A criação de um mapa interno de atributos às vezes pode resultar em algumas confusões filosóficas e semânticas. Por exemplo, e se uma preferência única dá origem a vários atributos? Ou quando é possível reunir várias preferências em um único atributo?

Digamos que você identificou os serviços ou conveniências como atributos que seu cliente valoriza. Convém lembrar que a *conveniência* pode envolver vários elementos, como localização próxima ou funcionamento 24 horas. Como fazer a escolha? O teste é: se descompôs o que aparenta ser um atributo único e classificou os subelementos individualmente, esses "pedaços" apareceram na lista em sequência ou em separado? Se esses elementos aparecessem individualmente, qual seria o desempenho de sua empresa e dos concorrentes em relação a cada item?

Se os diversos subelementos aparecem em rankings claramente separados, isso signifca que não podem ser reunidos para formar uma atributo único. Por outro lado, se aparecem em forma sequencial (e seu desempenho, na comparação com o dos concorrentes, se mostra equivalente e estável), faz sentido considerá-los um atributo único.

Passo nº 2: Elaboração de um mapa externo de atributos

Chegou a hora de avaliar seus clientes. Infelizmente, a estratégia de pedir que eles façam um ranking de suas prioridades de 1 a 5 raramente funciona, pois as pessoas não pensam nem falam dessa maneira. Em vez disso, recomendamos a criação de uma interação que estimule os clientes a *revelar* suas preferências. A verdade está em algum lugar entre a iniciativa do cliente de fazer revelações e a dedução feita pelo executivo.

Uma versão extrema desse processo, que é a *análise conjunta*, pode levar muito tempo e custar muito dinheiro. Consiste em reunir uma série de atributos, agrupá-los em pares e perguntar as preferências aos clientes. Trata-se de uma técnica que, sem o recurso de uma pergunta direta, leva as pessoas a revelar suas preferências. Um exemplo clássico ocorre no setor automobilístico: você prefere rádio digital ou o sistema 4x4? Em seguida, dependendo da resposta, apresenta-se outra dupla de possibilidades, depois mais outra. No final do processo, as preferências dos consumidores são reveladas de forma consistente; essas mesmas pessoas teriam dificuldades para defini-las se questionadas de uma forma mais direta.

Além das desvantagens relacionadas ao tempo e aos custos de uma análise conjunta, outro problema é que ela só gera bom resultado se as questões forem colocadas da forma adequada – você pode enfrentar todas essas dificuldades e, ainda assim, ficar sem saber se os atributos que está avaliando são corretos. Por outro lado, recomendamos a conversa com os clientes, de forma a estimulá-los a falar sobre os serviços que sua empresa oferece. Tenha em mente que é preciso "customizar" a abordagem para cada pessoa, e tente agir de uma maneira mais sensível e qualitativa. Dessa maneira, você pode chegar a atributos que de outra forma não seriam lembrados em sua avaliação, e será possível saber se alguém fica surpreso ou confuso com as perguntas que você pretende formular. Uma possibilidade é apresentar perguntas novas ou formular as questões de outra maneira.

Recomendamos que as empresas façam esse tipo de análise conjunta modificada ou qualitativa, pelo menos em um momento inicial. Converse com uma amostragem aleatória de clientes. É importante que a escolha seja randômica porque a convergência de opiniões em uma seleção com essa característica confere mais confiança do que a convergência (ou divergência) obtida de outra forma. Você terá a certeza de que está diante de sinais confiáveis. Além disso, a escolha aleatória permite um aprendizado mais veloz.

ESTUDO DE CASO

Ochsner Health System

Sabemos que esse processo funciona porque investimos muito tempo para compreender como as empresas usam essas ferramentas. Uma das organizações é a Ochsner Health System, maior sistema de atendimento à saúde sem fins lucrativos do estado norte-americano da Louisiana. Fomos convidadas pelo presidente e líder das operações, Warner Thomas, para ajudar a organização a atingir seus objetivos de atendimento de qualidade a pacientes de New Orleans e arredores, região que ainda se recupera dos danos causados pela passagem do furação Katrina. Thomas e sua equipe estavam decididos a oferecer excelência em comunidades que se sentiam esquecidas ou negligenciadas por uma série de instituições. O objetivo era criar um modelo capaz de tratar os pacientes, funcionários e proprietários de forma digna.

Para a Ochsner, fizemos algumas dezenas de entrevistas com clientes, com duração que variava de meia hora a uma hora. Uma das questões centrais em nossa pesquisa era "em quais situações você prefere usar os serviços de atendimento à saúde da Ochsner em vez de procurar um concorrente?" O que se deseja obter com uma pergunta assim é a identificação dos fatores variáveis que levam um consumidor a procurar determinada empresa ou a concorrência. Com frequência, a resposta revela o que de fato é importante para o consumidor, que é exatamente o que você deseja saber.

A decisão é tomada levando em conta a localização dos serviços ou o custo do atendimento? Ou talvez algum outro motivo no qual você nem sequer pensou? Essas preferências são fixas ou dependem das circunstâncias? Quando se trata de atendimento à saúde, muitas vezes ouvimos declarações como "Eu não perco um dia inteiro para fazer um procedimento de rotina. Para coisas mais complicadas, porém, eu não me importo em me deslocar para um hospital mais distante e aguardar na sala de espera a fim de ser atendido pelos melhores médicos". Em geral, os pacientes têm várias hierarquias de atributos, dependendo sobretudo de suas necessidades específicas de cuidado ou tratamento.

No caso da Ochsner, identificamos quatro hierarquias distintas de atributos, ou segmentos operacionais. Os segmentos variavam de acordo com a complexidade do serviço (alto ou baixo risco) e segundo a urgência do caso (planejado ou inesperado). Quando começamos o estudo não tínhamos ideia dessa distinção, e fomos identificando as categorias ao longo do processo. Conforme conversamos com mais clientes, aperfeiçoamos nossa compreensão sobre as necessidades dos consumidores e sobre como elas indicavam segmentos operacionais distintos. Resumimos os aspectos mais importantes desses quatro segmentos na figura 1-7.

Um paciente gripado, por exemplo, tem necessidades de baixo risco e caráter inesperado. Mas, quando o mesmo paciente precisa fazer seus exames anuais, uma necessidade de baixo risco porém

FIGURA 1-7

Segmentos operacionais da Ochsner Health System

	Planejado	Inesperado
Alto Risco	Cirurgia nas costas • Qualidade do atendimento • Coordenação do atendimento • Conveniência/localização • Rapidez para a consulta • Tempo de espera	Tratamento de câncer de mama • Rapidez para a consulta • Qualidade do atendimento • Coordenação do atendimento • Tempo de espera • Conveniência/localização
Baixo Risco	Check-up anual • Conveniência/localização • Tempo de espera • Qualidade do atendimento • Coordenação do atendimento • Rapidez para a consulta	Gripe • Conveniência/localização • Rapidez para a consulta • Tempo de espera • Qualidade do atendimento • Coordenação do atendimento

planejada, as prioridades para essa condição de atendimento revelam-se bem diferentes. A variação na ordem dos atributos não envolvia pacientes individuais ou a demografia dos pacientes, mas estava relacionada à necessidade de atendimento de saúde que gerou aquela demanda em específico. Descobrimos uma notável convergência entre essa categorias. Para todos os pacientes em busca de tratamento para a gripe, por exemplo, a localização/conveniência tinha mais importância do que a coordenação do atendimento.

Após uma série de encontros iniciais, nos reunimos com os executivos da empresa e concluímos que todos os atributos podiam ser divididos nas categorias *antes*, *durante* e *depois* da prestação efetiva do serviço. Havia algumas questões que faziam a diferença para os pacientes antes de chegar à presença do profissional de saúde: é possível marcar a consulta para breve? Quanto tempo tenho de esperar pelo médico? Onde fica a clínica ou o hospital? Em seguida, vinham as questões relacionadas ao atendimento em si: os médicos e enfermeiras são bem preparados? A consulta vai durar o tempo necessário para a compreensão do problema e o esclarecimento de minhas eventuais dúvidas? A equipe pode resolver meu problema? Por sua vez, as considerações pós-consulta envolvem o custo e os procedimentos posteriores: em quanto tempo tenho os resultados dos exames? Com quem posso esclarecer dúvidas sobre os valores cobrados pelo atendimento? No final, chegamos a cinco atributos para cada fase – o período pré-consulta, o atendimento propriamente dito e as questões posteriores.

É importante desenvolver um processo de aprendizado no qual esses tipos de *insights* possam se revelar. Uma vez que você identifica os segmentos operacionais, afere e compara o desempenho de sua empresa em cada um deles, pode começar a identificar os principais fatores de sucesso ou de fracasso. É possível ver onde sua empresa desempenha bem e onde deixa a desejar – e ver porque esses resultados são totalmente previsíveis.

Novamente, nossa recomendação para a maioria dos executivos é: pergunte a seus clientes o que os leva a escolher a sua empresa ou optar pelo serviço de um concorrente. Em vez de tentar adivinhar, pergunte. Como se pode esperar, os executivos que nos procuram muitas vezes percebem que suas organizações estão atuando em segmentos operacionais otimizados, sem se importar se os clientes têm ou não uma compreensão completa de suas escolhas. Quando os clientes caem em outro segmento operacional (por exemplo, quando esses mesmos consumidores precisam de um atendimento mais rápido), optam por outra solução.

Nos Estados Unidos, muitas pessoas usam os correios para o envio de correspondência comum, mas quando querem garantia de que a entrega acontecerá sem surpresas recorrem aos serviços da FedEx, pagando bem mais caro por isso. Ou seja: mesmo consumidor, dois segmentos operacionais.

Como falamos anteriormente, se seus clientes não se encaixam no mesmo segmento operacional (se nem todos desejam as mesmas coisas e na mesma ordem de prioridades), você tem basicamente duas escolhas. Sua primeira opção é se concentrar abertamente em um segmento operacional, a fim de construir um modelo de serviço único a partir das necessidades daquele grupo específico e manter-se agarrado a esse objetivo. É o que fazem empresas como o Walmart e a Southwest, por exemplo. Se um cliente de fora desse núcleo quiser negociar com alguma dessas empresas, tanto o Walmart quanto a Southwest certamente não lhe negarão a oportunidade. No entanto, essas empresas não vão mudar seus modelos de serviço para atender também à necessidade desses clientes secundários.

A segunda opção é construir modelos de serviço diferentes para os segmentos operacionais não atendidos. Pensemos no caso dos pronto-socorros e ambulatórios de hospitais, ou considere a equipe de serviço conhecida como Geek Squad,* que opera dentro da rede de supermercados Best Buy. Em todo este livro, defendemos a ideia de um modelo de serviço e reservamos um capítulo exclusivo para discutir como gerenciar modelos múltiplos de forma simultânea, mas o que queremos que o leitor tenha em mente agora é a imagem de uma empresa constituída por diversas experiências de serviço.

Nossa mensagem mais importante, aqui, é a necessidade de conversar com os clientes. Diversos temores (totalmente compreensíveis) podem abalar as crenças básicas dos gestores, entre as quais uma das mais comuns é a confiança exagerada no valor que está sendo entregue, sobretudo quando se faz comparações com o desempenho dos concorrentes. É fácil racionalizar as próprias falhas – e mais fácil ainda identificar os erros da concorrência, às

---

* Nota da tradutora: serviço de orientação para interessados na compra de produtos eletrônicos.

vezes até em detalhes. Mas é essencial manter-se fiel à realidade e nada fortalece mais essa conexão do que o diálogo direto com os clientes. Não terceirize essa atribuição para o departamento de marketing. Não permita que a insatisfação dos consumidores seja transformada em higiênicos *slides* criados por funcionários pouco dispostos a dar más notícias. Em vez disso, assuma a tarefa de fazer essa comunicação e enfrente a realidade.

Passo nº 3: Avaliação de seu desempenho

Depois de cumprir todas as etapas do processo de análise e de descobertas, chegou a hora de comparar seu desempenho com o concorrente de melhor situação na análise, considerando uma gradação de 1 a 5, e em seguida representar esse ranking em um gráfico. Lembre-se de que tudo isso deve ser feito a partir do ponto de vista do cliente. Qual avaliação o cliente faz da sua empresa e como ficam as empresas concorrentes quando submetidas ao mesmo exame? O resultado perfeito seria uma linha quase diagonal e ascendente, traçada da esquerda para a direita (de 1 a 5), conforme as categorias ganham mais importância para o consumidor. Use os exemplos da Southwest e do Walmart como fonte de inspiração. O objetivo aqui é chegar a um ângulo de 45 graus, embora poucas empresas consigam isso logo no início.

A maioria das organizações logo descobre que não é possível representar sua condição nessa sonhada linha de 45 graus, mas o padrão que encontram pode ensinar muitas coisas sobre os aspectos do serviço que funcionam ou não. Vejamos alguns exemplos de situações típicas e qual o significado delas.

Necessidade de apoio

Se o mapa de atributos de sua empresa se assemelhar ao da figura 1-8 (no caso, a linha sólida), quase não existem di-

FIGURA 1-8

Diferença pequena entre sua empresa e a concorrência

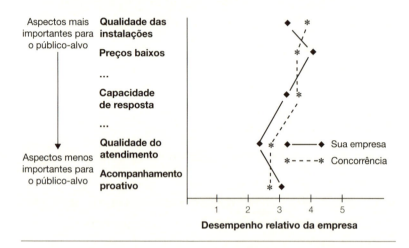

ferenças entre você e seus concorrentes. Você não conta com nenhuma vantagem significativa em relação aos *players* usados na comparação. Trata-se de uma boa condição para os clientes, já que eles detêm o poder. Esses setores em geral se diferenciam por baixa fidelidade dos consumidores e pressão constante por redução de preços. Da mesma forma, os salários também tendem a se manter inalterados, o que dificulta a possibilidade de reter os melhores profissionais.

Vantagem perdida

A boa notícia (figura 1-9) é que sua empresa conta com uma vantagem, mas esse fato não representa nenhum ganho. Chamamos esse fenômeno de vantagem não aproveitada – ou seja, sua empresa está investindo em aspectos que seus clientes não valorizam, o que não se traduz em rentabilidade ou em maior participação de mercado. Você precisa decidir se

FIGURA 1-9

Vantagem não aproveitada: investimento em atributos que o consumidor não valoriza

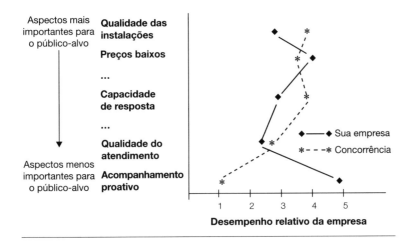

convém realocar recursos para os atributos valorizados pelos consumidores ou se procura clientes que valorizam o que você tem a oferecer com excelência. Um exemplo é o hábito dos consumidores em relação à água: matar a sede direto no filtro era normal até sermos convencidos a consumir água mineral engarrafada...

Lucros desperdiçados

Neste cenário (figura 1-10), sua empresa tem ganho na participação de mercado, mas perde no que se refere à rentabilidade. Na essência, você está devolvendo sua margem aos clientes na forma de atributos de serviço "simpáticos", mas que não mudam sua situação nem permitem investir de forma significativa na manutenção das fontes de reais vantagens dentro de seu setor. Seu maior risco está na sustentabilidade.

FIGURA 1-10

Lucro desperdiçado: gasto da margem em itens não essenciais

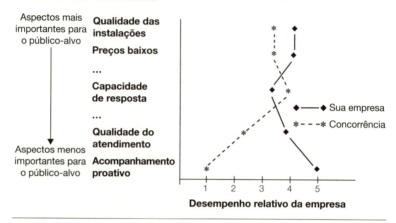

Passo nº 4: Reação

Após concluir a confecção dos mapas, o que fazer? Uma resposta óbvia é mudar a alocação dos recursos. Se sua empresa se destaca em aspectos que não têm grande importância para os clientes, talvez seja o caso de se concentrar em quesitos que façam diferença. Seus clientes se preocupam menos com inovação do que com o tempo de espera pelo atendimento agendado pelo site? Considere esse aspecto com seu pessoal de pesquisa e desenvolvimento e avalie as possibilidades de solução.

É claro que o caminho para a excelência inclui outras opções. Algumas empresas simplesmente não se adaptam às preferências dos clientes, mas se mobilizam para reorganizar essas preferências. Assim como ocorreu com os inovadores que disseminaram a primazia da água mineral, se não for possível se destacar entre as prioridades existentes, uma solução é não poupar esforços para mudar tais prioridades – substituindo-as, reorganizando-as ou até eliminando-as. É isso que aconteceu com o fenômeno varejista sueco denominado Ikea.

Redefinição de valores

Em 1943, em uma pequena cidade da Suécia, um jovem de 17 anos chamado Ingvar Kamprad fundou uma empresa de vendas por catálogo que oferecia itens raros em tempos de guerra (artigos como meias de náilon e isqueiros). Para fazer as entregas locais, ele acionava o caminhão de leite. Quando o conflito acabou, a Ikea já tinha se transformado no maior varejista mundial de móveis, atendendo a mais de 300 milhões de pessoas por ano.

O sucesso da iniciativa não se baseou apenas em uma nova forma de abordar a venda de mobília, mas na total transformação das preferências dos consumidores. Necessidades que por muito tempo haviam aparecido como prioritárias não apenas perderam importância como foram substituídas por valores quase opostos. Assim, a Ikea pôde aproveitar esses atributos, até então considerados como aspectos obrigatórios, e materializá-los em seus pontos de vendas.

Como foi muito bem documentado em um estudo realizado por uma colega da Harvard Business School, Youngme Moon, quando a Ikea chegou ao mercado a durabilidade dos produtos (assim como o design de bom gosto, que deveria superar o desafio da passagem do tempo) era o aspecto mais valorizado pelos potenciais compradores de móveis.[3] Segundo a tradição, jovens casais investiam na compra do sofá ou da mesa de jantar com a ideia de que seriam mantidos durante décadas e, às vezes, até passados para os filhos.

Mas o que a Ikea oferecia era um conjunto de peças entregues em separado, fácil de despachar para outros locais, de armazenamento barato e compacto o suficiente para ser levado para casa pelo próprio comprador. Aos olhos de um concorrente enraivecido, nada mais do que um móvel de baixa qualidade que o consumidor ainda teria o trabalho de montar. De fato, algumas pessoas argumentavam que era uma mercadoria desenvolvida para ir direto da loja para o lixo, sem considerar a breve passagem na casa do comprador. No entanto, o mercado adorou o conceito.

Mas a Ikea não parou de desafiar a tradição. De acordo com as antigas crenças, comprar móveis era quase um ritual, assim como esperar a entrega da mercadoria e da equipe responsável pela montagem e instalação no local adequado, às vezes na esperança de uma ajuda informal para a desmontagem e o descarte dos móveis velhos.

A Ikea destruiu esses conceitos e celebrou essa revolução na própria missão da empresa, que falava em "design democrático" e desafiava o consumidor a "fazer sua parte". Uma das atribuições do comprador consiste em buscar o móvel em alguma unidade de autoatendimento da empresa, ir para casa e, cheio de orgulho, montar a peça. Não se tratava de mera expectativa razoável, mas de um forma de vida melhor e mais autônoma.

Como a Ikea conseguiu fazer isso? Como conseguiu desafiar tão abertamente as "necessidades dos clientes" não apenas para sobreviver, mas também a ponto de se tornar um líder de mercado mundial? O primeiro passo foi jogar para o final da lista de prioridades dos clientes alguns conceitos consagrados, e o segundo foi puxar para o topo da lista alguns atributos quase antagônicos.

Não havia nada de novo na venda de móveis a preços baixos. Mesas e cadeiras com materiais leves e componentes que não vinham reunidos sempre existiram. A inovação da Ikea estava na violação da certeza de que custo baixo signficava qualidade ruim. A empresa falava em "preço baixo que faz sentido", o que tornava até divertida a experiência de comprar e usar um móvel considerado barato.

No caso da Ikea, barato não significava baixo astral. Ir até uma loja da empresa era agradável. Havia, claro, a necessidade de se deslocar para chegar até os imensos pontos de venda, mas valia a pena. As lojas eram animadas, bonitas e modernas. A Ikea modificou a experiência da "compra barata" e a transformou em uma aventura, como escolher sua fruta favorita ou rodar a Europa de mochila. Na entrada, a loja oferecia aos clientes todos os elementos necessários para o passeio: lápis, papel, fita métrica, mapas da loja, além dos habituais carrinhos de compra. Isso sem falar no serviço de *babysitters*! Todas as lojas tinham uma área de recreação infantil – isso quando nem o fabricante dos móveis mais caros do mundo se oferecia para cuidar dos filhos dos consumidores.

Para garantir o conforto depois de um dia dedicado ao consumo, cada loja incluía um excelente restaurante, o que conferia mais graça à aventura. Em vez da habitual combinação de máquinas de lanches automáticas ou cachorros-quente pouco inspiradores, o cardápio da Ikea incluía salmão defumado, bolinho de carne ao estilo sueco e tortas de mirtilo. Além de não pesar no bolso, essa experiência deixava o consumidor contente – o que trazia o benefício adicional de eliminar qualquer decepção caso o comprador levasse um dia inteiro para montar uma pequena cômoda. Nas palavras de Youngme Moon, "é mais difícil ficar bravo com alguém que proporciona uma satisfação inesperada".

Os móves eram bonitos e bem projetados, o que eliminava a sensação de "fui enganado". Isso também refletia a revolução moderna do design (até as escovas de dente precisam ser bonitas!), uma tendência que a Target e outros varejistas abraçariam posteriormente. A Ikea entrou na onda do minimalismo, o design escandinavo ganhou com a iniciativa e a empresa lucrou com a oferta de peças elegantes, funcionais e que respeitavam a experiência humana.

Mas a Ikea não chegou apenas para fazer as pessoas se sentirem melhor ao comprar mobília a preços baixos, ainda que passíveis de se desfazerem após poucos anos de uso. A empresa conseguiu transformar a baixa durabilidade dos produtos em sua maior virtude. A mobília não se limitava a ser divertida, mas, de acordo com o material de comunicação da Ikea, também era "descompromissada". Tratava-se de móveis tão baratos que o comprador podia se dar ao luxo de trocar praticamente com a mesma facilidade com que se renova o guarda-roupa.

Mas a ideia mais fundamental (e radical) da Ikea era a de que um móvel não deveria ser encarado como investimento para a vida toda. E, se esse comprometimento não faz mais sentido, a durabilidade deixa de ter importância, certo? Quem se preocupa com longevidade em um mundo no qual não somos mais obrigados a suportar o mesmos móveis ano após ano? Cansou do sofá? Não tem problema. Vá até uma loja da Ikea, onde é possível modificar sua casa e sua vida. No admirável mundo novo criado pela empresa sueca, a durabilidade não era um mérito, mas um obstáculo. Anos depois, um executivo da casa declararia que "é apenas um móvel: troque-o". Esse sentimento ganharia força em uma campanha publicitária norte-americana chamada "Unboring", que teve um comercial assinado pelo cineasta Spike Jonze. Uma moça pega um abajur velho e o deposita no lixo, na calçada. A câmera assume a perspectiva do abajur e, olhando da rua para a janela da casa, vê a mulher instalando um abajur novo, comprado na Ikea. A imagem mostra o objeto descartado depois que escurece e começa a chover, e depois volta a exibir a mulher ao lado do novo e belo objeto, dentro de um apartamento confortável. Um ator com sotaque sueco surge do nada, olha para a câmera e diz: "Muitos de vocês lamentam o destino desse abajur, mas isso é loucura. Ele não tem sentimentos. E o novo é bem melhor".

A Ikea sabia que não teria êxito dentro das convenções habituais do setor de venda de mobiliário. A empresa apareceu em último lugar em todos os principais atributos apontados pelos consumidores-alvo: durabilidade, facilidade de montagem, assistência de vendas e localização do ponto de venda (figura 1-11). Sua reação foi refazer a lista toda (figura 1-12).

FIGURA 1-11

Mapa de atributos da Ikea

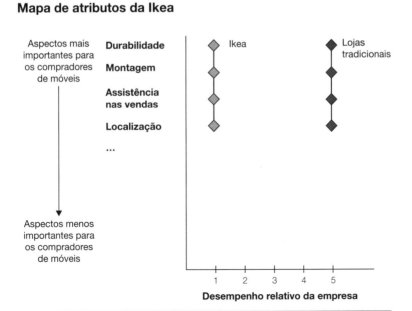

FIGURA 1-12

Novo mapa de atributos da Ikea

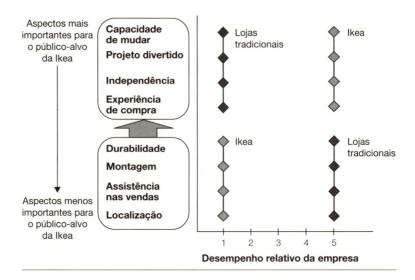

Com a ajuda da Ikea, os consumidores-alvo agora tinham uma nova lista de atributos a serem considerados na hora de comprar um móvel:

- capacidade de mudar

- satisfação de mudar o visual da casa quando der vontade

- liberdade para viver sem a bagagem emocional e os altos custos dos móveis tradicionais

- experiência de compra, programa ideal para uma família em um sábado à tarde

A Ikea atingiu o que poucas empresas conseguiram, e acreditamos que se trata de um modelo ousado: a empresa mudou o relacionamento dos clientes com a categoria de produto ao reordenar a lista de atributos valorizados pelos consumidores.

Cegueira corporativa

Finalmente, vejamos novamente o caso do Commerce Bank. Em 2007, o Toronto Dominion comprou a instituição por US$ 8,5 bilhões e o desempenho após a transação não sobreviveu às avaliações dos banqueiros, um fenômeno que pode estar relacionado com a compreensão dos verdadeiros fatores que levam a um serviço excelente.

Em nossa opinião, os bem-intencionados executivos do Toronto Dominion entenderam os modelos financeiros, mas não os de serviço. Viram que o Commerce Bank tinha alta estrutura de custos (decorrentes do longo expediente e das regalias de serviço) e baixo retorno de venda cruzada, e os novos donos não hesitaram em tentar melhorar esses dois índices.

A instituição não percebeu que os "pontos fracos" diagnosticados na estrutura do Commerce faziam sentido – ou que esses atributos, na realidade, representavam um elemento essencial para o sucesso do banco. Nos balanços da empresa, não havia nenhum sinal do complexo conjunto de *trade-offs* que garantiu seu sucesso. A ideia de bancar setores de excelência sacrificando aspectos menos valorizados não costuma aparecer com clareza nos relatórios financeiros. Imagine um funcionário do Commerce fazendo uma operação de câmbio, ou se imagine na fila de clientes, atrás da pessoa que vai fazer a operação. O funcionário do banco tem dificuldades, você não encontra mais o atendimento de qualidade que esperava e todo o sistema parece ruir.

Para evitar essa situação, é preciso contar com uma organização com profunda intuição sobre as relações entre os aspectos financeiros e a qualidade dos serviços prestados. Chamamos empresas com essa capacidade de *bilíngues*, e elas são bastante raras. Tal intuição pode explicar porque, de acordo com os registros, Vernon Hill abriu o primeiro banco de varejo "moderno" em Londres, em meados do século passado.[4]

ASPECTOS IMPORTANTES

✓ Para atingir a excelência no atendimento, é preciso deixar a desejar em aspectos estratégicos. Isso significa desempenhar com excelência os atributos que seu cliente de fato valoriza e – para que isso seja possível, rentável e sustentável –, ao mesmo tempo, não ser tão bom em aspectos menos valorizados. Em outras palavras, é preciso ficar abaixo da média em alguns aspectos para se superar em outros.

✓ O principal obstáculo a um serviço excelente é a ambição de ser perfeito e a falta de coragem para deixar a desejar em alguns aspectos. Trata-se de uma barreira emocional.

✓ É difícil concorrer no mercado sem ter uma compreensão ampla das necessidades dos clientes e de como os competidores atendem a essas necessidades. Felizmente, os clientes gostam de dar informações sobre essa realidade, e é mais fácil e mais barato descobrir isso diretamente deles.

✓ Existe uma diferença importante entre os segmentos de mercado e os segmentos operacionais. Os primeiros nos contam como identificar e se comunicar com diferentes tipos de cliente, enquanto os segundos informam como *atender* a cada grupo de forma apropriada. Raramente essas duas realidades coincidem.

✓ Há duas maneiras básicas de melhorar um serviço: aprimorar o atendimento às expectativas atuais dos clientes ou convencer os consumidores de que eles precisam daquilo que você sabe oferecer com excelência.

✓ As diferenças entre os padrões financeiros e de serviços são imensas, e as empresas precisam ser "bilíngues" para oferecer excelência.

Capítulo 2

Verdade número 2:
Alguém precisa
pagar a conta

Em 2003, em um mercado cada vez mais competitivo, a Celebrity Cruises lançou a iniciativa 150 Tastes of Luxury, com o objetivo de aperfeiçoar os serviços adicionais de uma experiência em cruzeiros considerada *premium*.

Durante mais de uma década, a Celebrity desfrutara da fama de oferecer serviço excelente e culinária excepcional. A nova proposta elevava ainda mais o patamar desses serviços. Já na hora do embarque, o cliente era recepcionado em "clima de férias". Presenteados com uma borbulhante taça de champanha, os passageiros tinham à disposição mimos por todos os lados: sorvetes deliciosos servidos à beira da piscina, sessões de ioga ao entardecer, aulas de pilates e várias opções de cardápio, que incluíam de sushis a massas e pizzas. Logo depois de apresentar a novidade, a Celebrity fez o nível subir ainda mais, com a oferta de afagos extras como o programa "acupuntura em alto-mar".

As pessoas, claro, adoraram todas as novidades, mas uma pergunta ficou no ar: quem paga por tudo isso? Os clientes da Celebrity aprovavam a recepção com taças de champanha (quem não gostaria?), mas será que estavam dispostos a pagar mais por esse luxo? Ou este seria um exemplo do que chamamos de *serviço de cortesia*, ou seja, uma série de pequenas gentilezas oferecidas aos passageiros mas com poucas chances de serem remuneradas?

Financiamento dos "luxos"

Os mais bem-sucedidos modelos de serviço incorporam um mecanismo que permite financiar de forma consistente as experiências excepcionais. Sem uma fonte de financiamento confiável criada especialmente para esse modelo, as empresas correm o risco de oferecer serviços que os clientes adoram, mas pelos quais jamais se dispõem a pagar um tostão. De acordo com nossa experiência, há quatro mecanismos de financiamento aplicáveis para bancar uma oferta acima do convencional – e apenas um deles exige a cobrança de um "adicional *premium*". Em outras palavras, existem quatro maneiras de financiar uma oferta de excelência:

1. Cobrar a despesa dos clientes, de forma "palatável".

2. Fazer cortes de custos que também melhorem o serviço.

3. Promover melhorias de serviço que também resultem em custos mais baixos.

4. Transferir parte das tarefas para os clientes.

Opção nº 1: Quando os clientes não se importam em pagar mais

O primeiro desses mecanismos (fazer o cliente pagar um pouco a mais) parece dispensar explicações, ao menos à primeira vista. Basta lembrar do exemplo do Hotel Cipriani, que apresenta a conta por oferecer um serviço excepcional cobrando cerca de 50% a mais do que seu concorrente mais próximo. No entanto, esse cenário não é possível para grande parte das empresas, entre elas a Celebrity Cruises. Na maioria dos mercados, não existe espaço para uma cobrança adicional a título de "experiência *premium*".

Para complicar as coisas para a Celebrity, a escolha de um cruzeiro em geral é feita por meio de agências de viagens, mesmo no caso de quem repete a experiência. Em geral, as pessoas interessadas confiam nos agentes, que, por sua vez, apresentam as opções de cruzeiros fazendo pouca distinção entre uma oferta e outra. Os clientes fazem suas escolhas a partir de uma pequena lista de possibilidades que parecem todas muito parecidas, e em geral optam pela alternativa que custa menos. Em sua maioria, os clientes das empresas de cruzeiros se preocupam com o custo, e essa dinâmica eleva a concorrência baseada em preços. Em consequência, é quase impossível traduzir a satifação de um cliente da Celebrity na disposição em pagar um preço mais elevado. Não por acaso, a empresa enfrentou sérias dificuldades para conseguir cobrir as contas do programa 150 Tastes of Luxury.

Os consumidores da Celebrity não estavam dispostos a pagar pelo serviço extra, pelo menos não de forma expressa, mas há maneiras criativas de solucionar essa questão. Lembre-se de como o Commerce Bank conseguiu financiar suas opções: em vez de apresentar aos correntistas a conta por um serviço melhor, a instituição ofereceu uma taxa de juros sobre os investimentos 0,5% *mais baixa* do que a paga pelos bancos concorrentes. Na prática, os clientes pagavam pelos serviços a cada dia, usando-os ou não. Por outro lado, as tentativas de cobrar pelo atendimento feito por um caixa "de carne e osso" falharam terrivelmente, pois todo mundo achou absurdo ter de pagar para conversar com uma pessoa sobre o seu próprio dinheiro. Ainda que a cobrança garantisse um atendimento de qualidade superior, os clientes não admitiam pagar por isso. Já a diferença de 0,5% não parecia tão dolorosa – e é um exemplo do que chamamos de "cobrança palatável".

Quanto mais palatável for a cobrança, mais é possível cobrar. Em outras palavras, se a cobrança não tiver essa característica, os consumidores tendem a se irritar com qualquer centavo adicional incluído na conta. No caso dos investimentos financeiros, quem investe por meio de um corretor em vez de fazer as transações por si mesmo paga altas taxas de administração. No entanto, não paga nada a mais pelos telefonemas e reuniões com esse profissional, e vale frisar que tais contatos fazem parte das interações mais valiosas da experiência de serviço. Este é o acordo: você paga bem pela transação de compra de ações, o que cobre o tempo dispendido pelo corretor (sem configurar custo extra) para lhe atender.

Da mesma forma, boa parte do diferencial da rede de cafés Starbucks é que o cliente pode passar uma tarde inteira ali consumindo apenas um *capuccino*. Conhecemos pessoas que montaram empresas, apaixonaram-se, namoraram e cuidaram de seus filhos nos primeiros meses de vida sem sair da mesa preferida do Starbucks. Isso tudo faz com que pareça aceitável pagar US$ 3 por uma xícara de café. Na realidade, a previsão de que o cliente permanecerá um longo período no local está incluída nos preços *premium* de todos os itens do cardápio. Trata-se de uma proposta de valor explícita e transparente, mas você não encontrará nenhum cronômetro perto das confortáveis cadeiras estofadas desse famoso café.

O exemplo das empresas aéreas

No entanto, a definição de "palatável" pode variar bastante. Em 2008, quando os preços dos combustíveis chegaram às alturas, a maioria das companhias aéreas começou a cobrar pelos "itens extras". Em alguns casos, qualquer coisa que fosse além de uma poltrona e do oxigênio disponível na aeronave era considerada "item extra": o embarque das malas deixou de ser considerado algo inerente à atividade de transportar alguém de um lugar a outro para ser tratado como uma oportunidade de cobrar uma taxa. Em seguida, veio a cobrança de valores adicionais pelo uso de travesseiros ou cobertas, além da "venda" de lanches ou bebidas. Em geral os clientes aceitaram essas cobranças, mas a insatisfação ganhou cada vez mais força. Quando a US Airways começou a cobrar pelas garrafas de água, a reação dos clientes fez a empresa perceber que havia exagerado na dose. O descontentamento com a medida desencadeou um movimento de revolta generalizada. Os comissários da empresa começaram a enfrentar passageiros visivelmente irritados. Em menos de seis meses, a US Airways recuou e voltou a oferecer hidratação gratuita para quem embarcasse em seus voos.

As reações dos clientes podem ser imprevisíveis – e intensas. Bem quando as taxas cobradas pelas empresas aéreas explodiram, a Southwest, em iniciativa isolada entre as principais companhias aéreas, decidiu que os passageiros só seriam expostos a contas palatáveis e transparentes. A imprensa repercutiu essa postura "sem cobranças extras", que acabou por se transformar numa questão de honra corporativa, proclamada em *banner* no site da empresa.[1]

Os clientes da Southwest adoraram. Mas as coisas não são tão simples assim: basta dar uma olhada no setor de aviação comercial para concluir que a política de cobrar tarifas para oferecer algumas regalias às vezes funciona. A Spirit Air, uma empresa europeia, por exemplo, não se incomoda de cobrar por absolutamente tudo. Mas onde está a diferença?

A diferença entre uma cobrança palatável e a revolta dos consumidores parece vir da proposta apresentada inicialmente aos clientes. Uma parte essencial do desempenho da Southwest está traduzida no posicionamento de mercado – a empresa se define como a "companhia do amor" –, que também aparece na identificação na bolsa de valores, chamado de *stock symbol*. Desse modo, cobrar adicionais por qualquer coisa significa, para a Southwest, uma agressão aos termos apresentados como base para o relacionamento com os clientes. Soa como se uma mãe resolvesse cobrar aluguel do filho pelo uso do quarto.

Já a Spirit Air, por outro lado, nunca pretendeu ser "amiguinha" de ninguém. Sua proposta é expressa: oferecemos transporte aéreo a preços baratíssimos; então, aproveite e trate de não reclamar. No caso dessa empresa, a cobrança de taxa a cada mala despachada parece justa, uma vez que ela oferece passagens aéreas que podem custar US$ 9. É a mesma proposta feita pela easyJet, outra empresa aérea de baixo custo, cujo fundador alegava que pretendia fazer as viagens aéreas "tão acessíveis quanto a compra de uma calça jeans". Essa ideia está presente em todas as companhias aéreas com tal perfil. Em outra empresa do grupo, a easyHotel, o hóspede paga à parte pelo uso de toalhas limpas, mas em geral considera a cobrança razoável quando lembra que o preço da diária gira em torno de US$ 19.

Mas tudo isso não significa que os clientes estão absolutamente satisfeitos com essa política. Em 2008, a Spirit Air foi a empresa que mais recebeu queixas no setor da aviação comercial. O descontentamento, contudo, não vinha das cobranças de itens previsíveis. Ninguém reclamava por pagar para tomar um refrigerante a bordo, mas muitos se queixavam da cobrança de itens inesperados ou considerados injustos. Um exemplo: 90% das passagens vendidas pela Spirit Air eram comercializadas pela internet, e só depois da obtenção da autorização do cartão de crédito o cliente recebia a consulta sobre se queria escolher o assento ou se pretendia despachar a bagagem. Caso quisesse algum desses itens "extras", a despesa era enviada ao cartão de crédito como item à parte. Especificamente no processo da escolha do lugar no avião, as pessoas ficavam com a impressão de que haviam sido ludibriadas. O que isso significa? Significa que a transparência é essencial no que se refere a preços (faz parte do que se chama de "aspecto palatável") e ganha ainda mais importância quando se trata de uma relação direta, livre de paternalismos, com o cliente.

Para ser palatável, a precificação depende muito do acordo feito entre a organização e os clientes. Na US Airways, as expectativas no que se refere ao cuidado com o cliente são bem mais elevadas do que nas empresas que se posicionam como "econômicas", basicamente porque a passagem custa mais. Em consequência, a cobrança de tarifa para despachar a bagagem se transforma em uma fonte inesgotável de reclamações. Outro fator de complicação é que passageiros de um mesmo voo podem pagar valores bem diferentes para viajar no mesmo trecho. De fato, o voo entre Boston e Washington pode custar de

US$ 200 a US$ 1.000 mas, não importa quanto o passageiro pagou, o valor cobrado para despachar as malas será o mesmo, incongruência que não costuma ser bem aceita.

Os hotéis da rede Four Seasons cometeram o mesmo erro na unidade de Manhattan, considerada a *flagship* (ou unidade de referência) da marca. O hotel cobra à parte o uso da internet wireless, mesmo que o hóspede tenha pago milhares de dólares por uma diária. Não parece fazer muito sentido apresentar uma fatura de US$ 19,99 pelo serviço quando o estabelecimento se orgulha de ocupar instalações assinadas pelo famoso arquiteto I.M. Pei.

Em momento de aperto no fluxo de caixa, os governos também testam a tolerância dos contribuintes não apenas por meio da elevação de impostos, mas também com o intuito de manter o funcionamento de serviços básicos. O prefeito de Washington, nos Estados Unidos, propôs o acréscimo de uma taxa de utilização da rede pública de energia em cada conta de luz. A cidade de Nova York inaugurou uma nova modalidade de multa: US$ 100 para pais que levam filhos à porta da escola, param o automóvel e deixam o motor ligado por mais de um minuto. Taxas para proprietários de animais e outros tributos surgem a toda hora em diversos lugares, e algumas administrações chegaram a cogitar a cobrança de uma "tarifa de permanência" de condenados à prisão.

Porém, as taxas e tributos que tendem a deixar os contribuintes mais furiosos são os que parecem violar alguma ideia básica de justiça. A proposta mais execrada nessa categoria é a taxa pelo atendimento da polícia ou dos bombeiros em caso de acidente, fato que contraria o imaginário predominante de que esses servidores são profissionais diligentes, prontos a praticar atos de heroísmo quando os cidadãos precisam. Além disso, é de senso comum que se tratam de serviços já inclusos nos impostos pagos regularmente. Ou seja, ninguém fica contente ao receber um boleto por ter acionado a polícia depois de um acidente de carro.

A questão, aqui, é que, caso você apresente uma fatura a mais para o cliente, é essencial ter certeza de que a cobrança pode ser digerida. Quando o cliente acha que a empresa (ou instituição) rompeu um acordo tácito estabelecido entre eles – ou seja, quando identifica sinais de injustiça, má-fé ou mesquinharia –, corre-se um grande risco de enfrentar perdas maiores, como a confiança do mercado, que é o principal fundamento de uma organização.

O que acontece com os programas de fidelidade

Os programas de fidelização de clientes – quando bem administrados – constituem ótima maneira de financiar um serviço *premium*. Infelizmente, grande parte dessas iniciativas se limita a oferecer descontos para "segurar" o cliente. Muitas empresas usam o rótulo de "programa de fidelidade" para designar o que não passa de uma tentativa expressa, com suave disfarce, de retenção de consumidores.

Mas o que é um programa de fidelização de verdade? A empresa oferece serviços ou atributos especiais para os melhores clientes – como convites para jantares ou acesso a algumas decisões da empresa. Em troca, fortalecem o comprometimento com a marca e a disposição de pagar pelos serviços. Ou seja, nada há de gratuito nessa troca.

De acordo com matéria publicada no *Wall Street Journal*, o programa de fidelidade da rede de supermercados britânica Asda constitui um exemplo excelente (e raro) de iniciativa bem-feita.[a] A empresa envolve os clientes em suas decisões, como quais produtos devem estar expostos nas prateleiras e como distribui-los pelas lojas. Antes de um determinado produto ser lançado para o público em geral, alguns clientes são consultados e suas opiniões, levadas em conta. Os consumidores mais diferenciados de fato ganham o direito de participar do processo decisório da empresa, a fim de afinar a sintonia da rede varejista com as necessidades individuais dos clientes. Como discutimos mais adiante neste livro, essas pessoas ajudam a gerar um serviço que elas mesmas vão consumir depois.

No entanto, a maioria das empresas não segue a abordagem da Asda. Em vez disso, cria um mecanismo de retenção (ou aquisição) de clientes e o batiza de programa de fidelidade. Quando compra a preferência das pessoas por meio de descontos, a companhia está ativando um serviço de "aquisição" de clientes. Por outro lado, quando do investe em iniciativas que aumentam a disposição das pessoas em pagar mais por um produto ou serviço considerado *premium*, pode-se falar em programa de fidelidade. Um processo de fidelização bem conduzido eleva as chances de os consumidores preferirem sua empresa em detrimento de um concorrente que oferece preços inferiores. A confusão entre esses conceitos e termos, a rigor, não seria um problema, não fosse pelo fato de que uma iniciativa inadequada impede a implantação de um programa de fidelidade para valer.

Durante vários anos, varejistas de ambos os lados do Oceano Atlântico adoraram proclamar suas políticas de fidelidade – e a rede Tesco chegou a afirmar que tinha o maior programa do mundo nessa área. Mas, na verdade, tratam-se de meros programas de retenção, pelos quais os consumidores ganham descontos futuros com base nas compras feitas hoje. Empresas como a Tesco, no caso, limitam-se a "subornar" os clientes para que continuem frequentando suas lojas, o que constitui uma tática de retenção considerada clássica.

De sua parte, os clientes da Asda de fato estão ajudando a empresa a melhorar seus serviços, ao mesmo tempo em que reforçam o relacionamento com a marca. Todos saem ganhando. E, caso algum desses consumidores se revele realmente muito importante, a rede se compromete a recompensá-lo adequadamente. Se um participante do programa de fidelidade apresentar uma proposta que resulte em real corte de custos para a Asda, fica com 5% do total economizado com a ideia no primeiro ano de implantação – ou seja, algo em torno de US$ 100 mil no caso de uma redução de custos de US$ 2 milhões.

Em todo o setor varejista, ninguém propõe esse tipo de acordo com os clientes ou oferece recompensa similar pelos esforços de colaboração.

a. Lilly Vitorovich, "Grocer Asda turns to customers for advice," *Wall Street Journal*, 2 de outubro de 2009, http://online.wsj.com/article/SB 125440249562856121.html.

Opção nº 2: Fazer cortes de custos que também melhorem o serviço

Às vezes, as reduções de custo que também melhoram os serviços são tão familiares que nem sequer notamos sua presença. O sistema de ensino em turmas, com a oportunidade de troca de ideias e de aprendizado entre os alunos, é uma forma mais eficiente de aprender do que com um professor particular, por exemplo – mas o modelo da sala de aula coletiva só foi adotado e desenvolvido porque permitia diluir custos. Em alguns casos, as terapias em grupo propiciam o mesmo tipo de benefício (as pessoas aprendem com os colegas e extraem inspiração da coragem e dos avanços alheios), mas seu custo é drasticamente inferior ao de um atendimento individual.

Custos menores e serviço melhor

Um exemplo menos óbvio pode ser encontrado no setor de seguros, área pródiga em peculiaridades. A primeira delas: as seguradoras tendem a perder dinheiro com a prestação desse tipo de serviço – ou seja, tendem a pagar mais nos sinistros do que arrecadam com os prêmios. Então, como elas sobrevivem? Sobrevivem porque os clientes pagam adiantado. Ao investir esse dinheiro pré-pago, as empresas ganham o suficiente para cobrir as eventuais perdas futuras de seus segurados e, ainda, obter um pequeno lucro. Assim, uma inovação que dificilmente veríamos nesse setor seria o fim do pagamento adiantado, já que ele é o fenômeno que sustenta todo o processo.

Uma segunda observação interessante sobre essa área diz respeito a sua elevada sensibilidade aos preços. Se uma empresa apresenta uma proposta apenas alguns reais mais baixa do que a do concorrente, costuma ganhar o cliente.

Com esse cenário em mente, vejamos o caso da Progressive Insurance, empresa norte-americana que gasta mais em serviço do que qualquer outra organização do ramo, sem cobrar nada a mais dos clientes. Isso acontece porque as melhoras no atendimento reduziram drasticamente os custos, mais do que cobrindo as despesas com a oferta de um serviço adicional.

Quando um cliente da Progressive sofre um acidente de carro, a empresa imediatamente desloca uma van para o local da ocorrência, chegando ali antes mesmo da polícia ou do serviço de guincho. Um eficiente funcionário da seguradora desembarca da van pronto para resolver tudo, prestar apoio ao segurado e fazer perguntas emocionalmente inteligentes. Esse mesmo profissional avalia a extensão do dano e, muitas vezes, paga o valor do sinistro *na hora*, e não dias ou semanas após o acidente.

Honestamente, esse serviço não custa barato. O deslocamento de um veículo com tração em quatro rodas e logotipo da empresa; a tecnologia *wireless* necessária para calcular os valores do sinistro; a gestão de vários profissionais em sistema de turnos (acidentes não acontecem apenas no horário comercial), tudo isso exige dinheiro.

Como a Progressive Insurance consegue manter esses luxos em um mercado tão sensível aos preços? Assim como os passageiros da Celebrity Cruises, os clientes da Progressive adoram o serviço adicional, mas não querem pagar nem um centavo por ele. Vans de atendimento que chegam rapidamente, contudo, não saem de graça. No caso do setor de seguros, o índice de fraudes é muito alto. Uma estratégia esperta de combate a essa prática consiste em chegar à cena do acidente e observar em primeira mão o que de fato aconteceu. No ambiente interno, a Progressive se refere aos motoristas das vans como "caçadores de fraudes", pois é exatamente isso o que esses profissionais fazem.

O sistema da Progressive tem ainda outras vantagens. O setor de seguros também é conhecido pela elevada quantidade de disputas jurídicas, mas a experiência da Progressive mostrou que, se um atendente chegar ao local do acidente e perguntar ao cliente se ele está bem, caem bastante as chances de o caso parar na mão de advogados. Essa simples experiência tem o poder de humanizar a companhia de seguros e de enfraquecer o descontentamento do segurado, o que faz da Progressive um alvo menos constante de processos judiciais. Ao recorrer a algumas perguntas cuidadosas e que revelam preocupação, o atendente reduz a disposição dos clientes em procurar os tribunais para se queixar contra a seguradora.

As fraudes, os litígios e os gastos com procedimentos judiciais, somados, representam 15% do valor dos prêmios em todo o setor de seguros. Mas, se um atendente surge logo depois do acidente com o olhar atento e o coração aberto, tanto o número de fraudes quanto os custos legais tendem a despencar. A redução considerável dessas despesas operacionais é o que permite à Progressive oferecer uma excelência capaz de cobrir os próprios custos.

O tipo de inovação representado pela política de atendimento instantâneo da empresa exige um acompanhamento específico. No início, a Progressive Insurance mirou os principais "ralos" de gastos (fraudes, litígios e custos com assessoria jurídica), mas depois descobriu que era possível disfarçar essa iniciativa de redução de despesas e apresentá-la como um serviço agregador de valor. Este é o segredo do segundo mecanismo de financiamento. Sempre vale atentar primeiro para os custos.

Mas as inovações da Progressive não acabaram aí. Outro importante fator de custo para as seguradoras é o pagamento das oficinas independentes contratadas. Esses estabelecimentos oferecem qualidade irregular e uma ampla variação de preços, e as seguradoras enfrentam dificuldades para controlá-los. A Progressive começou a coordenar as atividades de um grupo bem menor de prestadores de serviços, no qual era permitido levar em conta aspectos como experiência e escala, com o intuito de melhorar o atendimento ao cliente no paralelo. Hoje, a seguradora oferece aos segurados a opção de se encarregar do conserto do veículo acidentado, o que reduz em grande parte a preocupação do cliente, que teria de procurar uma oficina, providenciar os documentos para obter o reembolso e torcer para ter cobertura de todo o conserto necessário. A empresa assumiu essas etapas, economizando tempo e desgaste para o segurado e sem cobrar nada a mais, graças à economia decorrente do uso de um pequeno conjunto de oficinas com as quais a Progressive desenvolveu um relacionamento confiável. Essa economia mais do que paga o valor agregado ao cliente.

Uma forma pela qual a Progressive continua inovando é na ampliação do conceito de melhoria de serviço. Em um setor incrivelmente sensível aos preços, a empresa hoje oferece ao cliente uma comparação com os orçamentos oferecidos pelos principais concorrentes. Os interessados não precisam perder tempo com consultas, pois a seguradora faz isso por eles. E, quando a oferta da casa não é a mais baixa, os clientes podem optar pela concorrência.

À primeira vista, pode parecer algo pouco vantajoso, sobretudo porque a Progressive só consegue oferecer a melhor cotação na metade dos casos. Isso significa que a outra metade dos interessados é jogada no colo da concorrência. No entanto, a seguradora na verdade usa tais comparações de orçamento como forma de selecionar os clientes.

A Progressive é considerada uma das melhores no que se refere à análise do seguro. A empresa investiu nessa vantagem desde o surgimento, quando atendia apenas motoristas com perfil de alto risco, segmento diversificado que ela considerava que recebia uma precificação inadequada do mercado. Esses clientes exigem uma avaliação especial para a determinação eficiente dos preços, e a Progressive tornou-se muito boa nisso – e rapidamente. Embora continue a se beneficiar de sua afiada capacidade de análise (válida para todos os clientes, e não apenas para os de perfil de alto risco), a seguradora transformou essa habilidade em dinheiro quando criou o sistema de comparação de orçamentos.

Vejamos a figura 2-1, na qual a capacidade de risco de um cliente aparece no eixo vertical e o prêmio oferecido pela concorrência está representado no eixo horizontal. Se a concorrência fosse perfeita na hora de precificar os riscos (o que certamente não acontece), nesse gráfico os clientes formariam uma linha com um ângulo a 45 graus.

Com esse dado em mente, imagine que dois clientes telefonam para a Progressive pedindo uma cotação comparada. O cliente A tem alto fator de risco e provavelmente seria mal avaliado pela concorrência. A Progressive apresenta seu orçamento e a cotação dos concorrentes próximos, mais baixa, o que levará o cliente A a optar pela concorrência. Mas isso é um fato positivo para a seguradora, uma vez que contribui potencialmente para que o concorrente perca dinheiro com as coberturas de eventuais sinistros. Bem diferente é a situação do cliente B, de perfil de menor risco, e em geral "sobretaxado" pelas seguradoras. Nesse caso, a Progressive oferece o melhor preço, ganha a preferência do cliente e ainda lucra com a transação. O sistema de comparação de orçamento permite

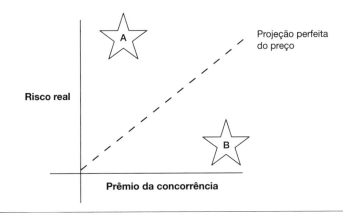

selecionar o público-alvo da seguradora, mas por meio de um mecanismo amplamente valorizado por todos os clientes desse setor tão sensível aos preços.

Mais uma vez, vale notar o valor desta última inovação: ao mesmo tempo em que a Progressive sempre se saiu melhor na hora de avaliar os riscos, foi apenas quando conseguiu se apoderar da proposta de valor (ou seja, quando conseguiu formular uma oferta de serviço complementar à proposta) que a empresa percebeu os benefícios dos "aspectos fortes" operacionais.

Opção nº 3: Promover melhorias de serviço que também resultem em custos mais baixos

Existe outra maneira de atingir o mesmo objetivo de oferecer um serviço melhor a custos mais baixos. Jim Heskett, Earl Sasser e Len Schlesinger descreveram em seu inovador livro

Lucro na prestação de serviços como o fundador da Intuit, Scott Cook, elevou o custo e a qualidade do serviço ao cliente a fim de reduzir a demanda não remunerada. Para Cook, a oferta de um excelente atendimento telefônico aos usuários de sua pequena empresa de software (o ponto crítico da maioria dos *call centers*) poderia ser uma útil fonte de contribuição para o desenvolvimento constante do produto e, em outra escala, transformar-se em uma estratégia de redução de custos. A empresa incubiu o setor de desenvolvimento de produtos de assumir os fones de ouvido e atender às chamadas. Assim, quando os clientes telefonavam em busca de atendimento telefônico, tinham grandes chances de ser atendidos por alguns dos profissionais que mais entendiam do assunto em todo o planeta: por exemplo, um engenheiro encarregado de promover melhorias nos produtos e que talvez tivesse até trabalhado na criação do programa. Esse foi o ponto de diferenciação da experiência de serviço em relação a outros provedores de softwares, que proporcionavam suporte aos clientes por meio de um serviço terceirizado de atendimento, com profissionais que seguem *scripts* definidos e tem uma compreensão relativamente superficial das características do produto.

A lógica de Cook era a seguinte: existe maneira melhor de descobrir as dificuldades que os clientes estão encontrando? Esse era o tipo de informação que poderia ser usado para tornar as novas versões dos produtos da Intuit mais intuitivas, reduzindo a necessidade de os clientes telefonarem para o suporte em busca de orientações. "Os concorrentes achavam que tínhamos enlouquecido", contou Cook a colegas da Harvard Business School, "mas se recebêssemos o mesmo número de chamadas que eles recebem, estaríamos fora do mercado."[2] O investimento resultou em um software melhor, o que significava menor volume de chamadas, permitindo um serviço de mais qualidade e menos gastos com atendimento telefônico.

A questão, aqui, é que a melhora do serviço em uma parte do negócio pode reduzir substancialmente os custos em outros aspectos, o que serviria para subsidiar uma experiência *premium*. No caso da Zappos, a imensa varejista *online* de sapatos, o custo de oferecer um serviço acima da média é considerado um investimento em construção da marca. "Podemos gastar dinheiro com envios e concretização das vendas ou gastar mais em marketing", revelou Alfred Lin, diretor financeiro, em uma entrevista. "Nós acreditamos que dinheiro é algo consumível."

Visitamos a sede da Zappos Las Vegas em 2009, e o presidente da empresa, Tony Hsieh, explicou o pensamento predominante na empresa:

Consideramos a maior parte do dinheiro investido na relação com os clientes como nosso "dólar de marketing". O principal fator que move nossa empresa é a fidelidade dos clientes e a propaganda boca a boca. Por isso preferimos direcionar a maioria do dinheiro que seria gasto em publicidade para ofertas como remessa grátis, para melhorias inesperadas nos envios rápidos, para o atendimento do nosso call center e para o nosso depósito, que funciona 24 horas, sete dias por semana, o que não é exatamente a melhor maneira de gerir um depósito. A forma mais eficiente consiste em esperar o acúmulo de pedidos mas, como trabalhamos sem parar, conseguimos oferecer velocidade. Clientes que fazem suas compras por volta da meia-noite chegam a receber o produto em sua porta em menos de oito horas. Isso cria uma satisfação imensa, da qual os consumidores se lembram durante muito tempo – e contam para vários amigos.

É claro que a Zappos faz várias outras coisas para financiar o excepcional serviço que presta, como procurar maneiras inovadoras de reduzir os custos da gestão do estoque. O varejista *online* também cobra pequenas e palatáveis tarifas de quem deseja atenção extra, na forma de calçados de preço mais elevado. Mas é a drástica redução nos gastos com marketing que de fato financia a experiência *premium*. O atendimento da Zappos causa tanto efeito que a empresa não precisa investir nada pra se tornar conhecida, já que seus clientes falam dela o tempo todo.

Sem espaço para aventureiros: Gateway X Amazon

Quando a empresa de informática Gateway decidiu ampliar sua atuação e passar do universo *online* para a presença em lojas físicas, optou por competir com base em uma experiência de pré-compra impressionante. Os clientes podiam percorrer as lojas da Gateway e receber orientações sobre o que observar na hora de comprar um computador oferecidas por profissionais de venda altamente especializados e muito bem instalados, em endereços lindos e de ótima localização (ou seja, caros), com espaço que permitia o confortável deslocamento das pessoas. Assim que um potencial consumidor passava pela porta, um atento vendedor se aproximava dele com delicadeza, para uma orientação personalizada pela seção chamada "o computador ideal para você." Os clientes adoravam a abordagem – mas iam para suas casas e encomendavam um PC da marca Dell pela internet, pagando dois terços do preço de um computador Gateway. A Dell e outros concorrentes da Gateway conseguiam propor preços menores porque não tinham de gastar com a manutenção de lojas elegantes, povoadas com atendentes caros e de alto nível. E, como no mercado de informática os produtos parecem todos iguais, a Dell e demais concorrentes acabaram beneficiados pelo serviço de orientação técnica que a Gateway oferecia ao público.

A Gateway entrou em uma situação complicada. Quando há informação pré-compra de alta utilidade combinada com a facilidade de acesso a produtos similares (como é o caso dos computadores pessoais), corre-se o risco de que seu investimento em excelência no serviço atravesse a rua e renda ganhos para um concorrente. Seus clientes não vão permanecer com você por gratidão – e foi isso o que a Gateway descobriu quando abriu (e logo fechou) centenas de pontos de venda.

A Amazon poderia enfrentar situação semelhante. Os produtos que a gigante *online* oferece raramente são os mais baratos do mercado e podem ser comprados em vários outros lugares – na realidade, seus concorrentes vendem exatamente a mesma coisa. Muitos produtos são apresentados com ampla oferta de informações disponíveis no site, como as especificações técnicas, descrição do fornecedor e centenas de avaliações feitas por quem já comprou o produto. Como a Amazon escapou dessa cilada? Ela simplesmente reduziu ao máximo o espaço que separa a pré-compra da compra propriamente dita.

A Amazon retém as informações referentes a uso do cartão de crédito, envio e faturamento, e conta com um mecanismo de compra de clique único que reduz dramaticamente o tempo entre sentir-se tentado a comprar e de fato efetuar a transação. Essa funcionalidade na compra torna tudo irresistivelmente mais fácil e, quando o cliente acha o que procurava, fica muito simples clicar o mouse e encerrar a busca. Graças a essa facilidade, a Amazon escapou do mesmo destino da Gateway: ela consegue investir bastante na funcionalidade pré-vendas sem mandar seus clientes para os braços da concorrência.

Em resumo, a Amazon ganha pela facilidade, fator que se torna cada vez mais importante quando o fornecedor concorrente se apoia somente no preço. O modelo de negócios da Buy.com é mais barato do que o da Amazon, mas a proposta de valor não inclui a funcionalidade de pré-compra e compra oferecida pela Amazon. Se você sabe exatamente o que deseja, pode comprar o produto por menos na Buy.com, mas, se está à procura de algo ou precisa se informar para decidir, terá mais facilidade se recorrer à Amazon. A Buy.com pode se beneficiar com os clientes que pesquisam na Amazon mas compram em outros lugares – ou seja, usufruem do incrível sistema de informações da Amazon e depois fecham a compra na Buy.com ou em outra alternativa de menor custo. A Amazon, porém, consegue reter clientes em seus domínios de uma forma bastante confortável.

Opção nº 4: Transferir parte das tarefas para os clientes

O mais durável e imperceptível dos métodos de financiamento de um serviço excepcional consiste em fazer o cliente trabalhar "de graça" para você, executando tarefas que, de outra forma, teriam de ser delegadas a funcionários remunerados. Tudo começou em Memphis, em 1916, quando Clarence Saunders, dono de um armazém, lançou o conceito de autosserviço em suas lojas Pigglyn Wiggly. Até aquele momento, embora as redes de estabelecimentos estivessem em alta com marcas de sucesso como a Kroger e a A&P, os produtos ficavam armazenados em grandes barris ou sacos, e os clientes dependiam de um atendente para separar e embalar os produtos.

A inovação de Saunders, que ele tentou patentear com o nome de *self-serving store*, consistia basicamente em abrir o acesso dos clientes ao estoque da loja. Os consumidores adoraram a possibilidade de selecionar e controlar o que estavam comprando, já que agora era possível ler os rótulos, comparar preços e examinar cada item – uma nova experiência que parecia encantadora.

Nos anos seguintes, a ideia de *self-service* juntou-se ao conceito de lojas de rede para dar origem aos supermercados, novidade que inaugurou uma onda de inovação voltada para o cliente disposto a fazer compras sem ajuda de ninguém. Em 1937, surgiu o primeiro carrinho de compras e, três anos depois, chegavam as primeiras portas com abertura automática. Na década de 1970, a grande inovação foi o leitor de código de barras, que reduzia as filas dos compradores nos caixas e levou a um marco ocorrido em 1996: os serviços de atendimento totalmente automatizados. E foi aqui que parou a inovação no que se refere ao autosserviço.

O pagamento das mercadorias em sistema *self-service* revelou-se problemático porque os clientes identificam pouca (ou nenhuma) vantagem em troca do esforço que fazem, uma vez que cabe a eles desempenhar tarefas tradicionalmente feitas por um caixa ou atendente, sem qualquer compensação por isso. Para que o *self-service* faça parte de um serviço de excelência, a proposta precisa ser boa o bastante a ponto de parecer mais vantajosa do que a alternativa convencional.

A ironia do pagamento tipo *self-service* nos estabelecimentos varejistas é que muitos executivos consideram a modalidade um sucesso, uma vez que se baseiam no aumento no fluxo pelos caixas automáticos. Uma avaliação mais precisa, porém, permite observar que esse crescimento se deve ao fato de que, com poucos caixas habitados por um atendente de carne e osso, em algumas lojas é quase impossível encerrar a compra se você mesmo não fizer essa operação. Basta observar com um pouco mais de atenção para identificar as gotas de suor que correm pela testa dos clientes à espera na fila, tomados pela ansiedade de decifrar o funcionamento dos leitores de código de barras e de seguir as complicadas instruções apresentadas nas minúsculas telas. Esqueça a teoria sobre a satisfação de encher o carrinho e selecionar suas preferências na mais completa solidão: hoje, o sistema *self-service* é uma estratégia de redução de custos da loja que intimida e estressa os clientes – e dificilmente os deixa mais felizes apenas pela experiência.

Mas não se trata de um modelo de serviço raro, pois muitas empresas tentam economizar transferindo tarefas para os clientes. Só que essa proposta (como os postos de gasolina com autosserviço) tem a compensação de "remunerar" o esforço do cliente por meio de um desconto generoso – e ninguém tem a ilusão de que tal modalidade possa conduzir a um serviço de excelência.

Quando o objetivo é a excelência, é essencial fazer com que o cliente se sinta melhor de alguma forma. O setor da aviação constitui um ótimo exemplo de inovação no autosserviço que cria valor real para os consumidores. As empresas aéreas enfrentavam exatamente o mesmo problema que afligia os supermercados – ou seja, a necessidade de contar com uma alternativa automatizada –, mas conseguiram transformá-la em uma alternativa viável. Por quê? Porque os melhores clientes das empresas aéreas *preferem* fazer o *check-in* eles mesmos, em vez de lidar com um atendente acomodado atrás de um balcão.

Em geral, quem voa com frequência prefere os quiosques de *check-in* por causa da rapidez e da facilidade de uso, além de maior funcionalidade na comparação com a opção convencional. O *check-in* automático dá ao passageiro maior controle sobre a experiência, a começar pela possibilidade de escolha dos assentos na aeronave. A simples representação gráfica do avião, com as indicações do lugares reservados e dos que ainda estão disponíveis, proporciona ao cliente bem mais informação e controle do que a quantidade de informações prestadas pelo atendente diante de seu computador. Não é mais necessário explicar para um estranho uniformizado porque você prefere se acomodar junto ao corredor – na operação automática, é possível preservar alguma dignidade e, sem alarde, satisfazer suas necessidades.

Mas voltemos ao atendente diante de seu computador, porque aqui reside um importante aspecto da proposta *self--service*. Tente lembrar da última vez em que um funcionário de empresa aérea com atendimento convencional o ajudou. Ele levou algum tempo para resolver as questões relacionadas a seu embarque, correto? Uma vez, espiamos sobre o balcão e não havia como decifrar o que acontecia enquanto o atendente movia rapidamente os dedos sobre o teclado. Se as companhias aéreas nos dessem acesso ao sistema, simplesmente não teríamos condições de fazer o *check-in* sozinhos, dada a complicação do processo. No entanto, as empresas foram espertas o suficiente para transformar sistemas complexos, desenvolvidos para operadores treinados, em um mecanismo simples, capaz de ser operado pelos próprios passageiros. A tela sensível ao toque mostrando a disponibilidade dos assentos cria um valor especial, que os clientes adoram consumir.

Mais uma vez, vamos comparar essa experiência com o complexo sistema de pagamento de compras em um supermercado automatizado. Os clientes precisam desempenhar as mesmas tarefas realizadas por funcionários treinados, como identificar o código de barras, posicioná-lo corretamente para permitir a leitura e embalar as compras sem quebrar um ovo sequer. Como se fosse pouco, algumas lojas pioraram ainda mais a experiência, impondo ao cliente cumprir *mais* tarefas do que os funcionários cumpriam, como as complicadas manobras na hora de pesar as embalagens, implantadas para evitar fraudes. Os mercados dificultaram a tarefa de pagar e embalar as compras – e, como era de se esperar, ninguém gostou da novidade.

Qual a quantidade de trabalho embutida no sistema *self-service*?

Na Ásia, em alguns bares de sushi, o cliente pode recorrer a um sistema de telas sensíveis ao toque que permitem enviar o pedido direto ao sushiman. Alguns pronto-socorros são equipados com um sistema de triagem também com telas sensíveis ao toque, que incluem a representação do corpo humano: o próprio paciente indica o órgão causador do problema. Com os novos avanços tecnológicos, os supermercados ainda têm uma chance de acertar. Sistemas de identificação acionados por frequência de rádio em breve permitirão que os mercados eliminem os caixas convencionais, pois bastará colocar o produto no carrinho para que a compra seja computada. Esse é um tipo de atendimento *self-service* que os clientes tendem a aprovar, pois oferece uma experiência mais agradável.

Aqui chegamos ao objetivo real: você é capaz de criar uma solução *self-service* tão boa a ponto de seus clientes não se importarem em pagar mais por ela? Vejamos o caso dos restaurantes que oferecem o bufê de saladas, talvez o exemplo mais significativo de como um consumidor atende às próprias necessidades. Essa alternativa encontrou um lugar permanente na nossa cultura porque oferece algo que milhões de pessoas preferem em algum momento de suas vidas. Há muito a ser dito sobre a possibilidade de "customizar" seu pedido em meio a uma ampla variedade de opções e montar uma salada exatamente a seu gosto. O Fire and Ice, renomada rede de restaurantes instalada na região de Boston, ampliou esse sistema: o cliente escolhe o pedaço de carne ou de peixe que deseja, observa enquanto o chef o prepara e depois acrescenta as guarnições que desejar. Apesar de economizar com a contratação de um número bem menor de garçons, o Fire and Ice não oferece exatamente preços baixos, mas prefere se diferenciar por oferecer uma experiência divertida e interativa, uma refeição totalmente diferente entre os restaurantes dos Estados Unidos. Em resumo, o estabelecimento cobra das pessoas pelo privilégio de atender às próprias necessidades.

Na prática

Olhando sob a perspectiva de quem procura uma fonte de recursos, cobrar pelo que é oferecido a mais (ver a primeira opção, no início deste capítulo) constitui a maneira mais simples de financiar um atendimento acima do esperado. No entanto, vários setores não aceitam o acréscimo *premium* necessário para bancar essa excelência, e aí é preciso pensar de maneira criativa. Sempre que prestamos consultoria a executivos em busca de uma fonte de recursos, tendemos a desconsiderar a ideia de cobrar mais para oferecer um serviço melhor. Se seu setor permite essa saída, aproveite, mas achamos que isso nem sempre tem viabilidade. Você sabe melhor do que nós o que seus clientes podem aceitar ou não.

Por outro lado, tendemos a apostar em estratégias mais complexas, como as três outras opções apresentadas acima: redução de custos que permita melhorar o serviço, melhora dos serviços que possibilite reduzir os custos e a implementação de um sistema *self-service* que agrade os clientes – a ponto de fazê-los aceitar pagar mais.

Passo nº 1: Avaliação da estrutura de custos

O melhor lugar para procurar caminhos para financiar um atendimento excepcional são os seus custos mais elevados, em geral também os itens com maior potencial para fazer economia. (Aqui, sugerimos começar reduzindo o tempo dedicado a processos que envolvem o consumidor, em geral uma medida que proporciona experiências melhores a custos mais baixos para a empresa.)

O dono de uma rede de supermercados, por exemplo, certa vez revelou que seu maior custo era com aspectos legais. O custo do seguro aumenta conforme cresce o número de pessoas que escorregam e caem dentro da loja. Encontre saídas para deixar suas lojas mais seguras e você melhorará a experiência do consumidor, além de reduzir seu prêmio. Se o risco de queda for maior para quem tem mais de 70 anos, talvez esses clientes devam contar com a ajuda de um funcionário nas compras, de modo a prevenir riscos de acidentes. Ou talvez seja possível implantar um novo serviço, pelo qual os clientes enviam um pedido pela internet e os atendentes da loja fazem as compras, o que reduziria o número de gente apressada que percorre o supermercado tentando achar embalagens de leite, antes de sair correndo para pegar as crianças na escola.

ESTUDO DE CASO

FedEx

Em sua estratégia de tecnologia da informação, a empresa de transportes FedEx apostou na ideia de melhorar o serviço e, ao mesmo tempo, reduzir os gastos. A organização tinha um fator de custos que se destacava: o serviço "onde está a minha encomenda?". Uma das características do setor é que, se uma empresa presta um atendimento desse tipo, disponibilizando atendentes, perde dinheiro com a operação. A cada vez que um cliente telefona para saber o *status* de uma encomenda, a empresa tem perda. A FedEx sabia que tinha de encontrar uma maneira de diminuir o número de chamadas, mas pensou na redução de custos como forma de melhorar o serviço. Como cortar esse gasto e, ao mesmo tempo, melhorar a experiência do consumidor?

Em primeiro lugar, a FedEx permitiu que os clientes acompanhassem o andamento de suas encomendas pelo site da empresa. Uma vantagem imediata da iniciativa foi que ela permite que tanto a empresa quando o cliente "recortem e colem" o código composto de 16 números usado no rastreamento das 650 mil encomendas que empresa remete diariamente para todos os cantos do mundo. Pedir a um atendente de *call center* para informar esse número ao cliente (ou vice-versa) já é bastante problemático, mesmo sem considerar as várias possibilidades de essa informação ser transmitida em uma língua estrangeira. Mas a verdadeira revolução estava no passo seguinte dado pela empresa: a automatização e o envio imediato de informações de rastreamento por e-mail ou mensagem de texto (de acordo com a preferência do cliente), de forma que ninguém precise se preocupar em acessar o site e, muito menos, fazer uma chamada telefônica. A FedEx conseguiu reduzir custos e deixar os consumidores mais contentes. No sistema antigo, cabia ao cliente telefonar para saber qual a previsão de entrega de sua remessa, mas agora permanece tranquilo porque a FedEx está cuidando de tudo.[a]

Isso vale até para as situações em que as coisas dão errado. A FedEx inovou novamente com o sistema de *exception reporting*, alertas que informam o cliente sobre os casos em que sua encomenda chegará com atraso. Esses alertas eliminam a necessidade de usar o telefone, reduzindo tanto a ansiedade do cliente quanto os gastos da empresa. Aqui, mais uma vez, a FedEx está atenta. Em caso de atraso, assegura ao cliente que está tomando todas as providências – transmitindo informações com rapidez e a custos mais baixos do que se tivesse de montar um *call center* eficiente.

a. As empresas aéreas tentaram fazer o mesmo quando começaram a mandar mensagens automáticas atualizadas para os passageiros dos próximos voos. Essas chamadas e e-mails informavam o que as pessoas querem saber (se o voo está no horário ou se o portão de embarque mudou, por exemplo) e disponibilizavam a informação com boa antecedência, evitando o desgaste e as despesas de atender a cada passageiro individualmente.

Passo n° 2: Transformação dos aspectos positivos em dinheiro

Além de vasculhar suas maiores fontes de gasto, pergunte-se "o que nossa empresa pode fazer melhor do que a concorrência?". Ou seja, deixando de lado a retórica dos relatórios anuais e os esforços de marketing, o que torna sua organização realmente melhor do que as outras do setor? Comece aqui e pense sobre o serviço de valor agregado que permite à empresa beneficiar-se operacionalmente de sua excelência – melhor ainda se essa diferenciação servir para deixar a concorrência em uma situação desconfortável.

Quando tentamos ajudar uma empresa de segurança a recriar seu modelo de serviço, pedimos aos líderes para posicionar a organização em relação aos concorrentes. O presidente afirmou que sua diferenciação estava em atuar regionalmente, num mercado em que os principais concorrentes eram empresas de atuação nacional. Em seguida, perguntamos como os clientes se beneficiavam da localização da empresa. Será que isso também poderia se tornar uma vantagem em termos de custos? A resposta: os clientes se beneficiavam com o fato de que a empresa "os compreendia de verdade". Quisemos saber como isso se manifestava de forma concreta, e descobrimos que a atuação regional era uma questão de orgulho para a empresa, mas não necessariamente trazia vantagens concretas para os clientes ou alguma possibilidade de redução de custos. Era um ponto de partida simpático, porém de pouco efeito. Nessa situação, precisamos de pouco tempo para perceber que alguns diferenciais seriam proibitivos para as concorrentes de atuação nacional, mas relativamente fáceis de ser oferecidos e defendidos pela empresa em questão.

O que é curioso é que, naquela empresa, o obstáculo para a inovação estava na certeza de que eles já estavam capitalizando o que tinham de melhor. Assim que os gestores tiveram coragem de reconhecer a distância entre as palavras e a verdade (entre o que eles prometiam de uma forma vaga e o que entregavam de fato), pudemos fazer progressos em um processo relativamente curto.

Mas a empresa de segurança não é a única a viver essa realidade. Diversas vezes identificamos o obstáculo à inovação na indisposição para reconhecer a realidade, incluindo a dolorosa percepção de que sua empresa não cria o valor que acredita criar. Uma vez que apontamos que há mais a ser feito, com frequência o *brainstorming* se torna veloz e intenso. Sem esse reconhecimento, porém, as organizações podem assumir uma postura defensiva e relutante.

Passo nº 3: Liberação dos clientes

A adoção de um mecanismo do tipo *self-service* em geral é uma iniciativa destinada a reduzir custos. Mais uma vez, o objetivo aqui está em oferecer uma experiência tão boa que permita cortar despesas e ainda elevar preços. Quando perguntamos às empresas quanto cobram pelo *self-service*, elas muitas vezes nos olham como se tivéssemos perdido o juízo.

"Não cobramos nada, e na verdade ainda damos um desconto."

Neste momento, deixamos claro que eles não estão inovando em nada.

Recentemente, a Ochsner Health System começou a testar os portais de internet para pacientes da clínica situada em Baton Rouge. Os portais permitiam que os clientes solucionassem várias de suas necessidades *online*, como renovar receitas, consultar os resultados de exames e agendar consultas médicas. O que aconteceu? A taxa de utilização revelou-se bastante alta e a satisfação dos clientes foi positiva. A iniciativa faz parte de um compromisso de serviço mais amplo, que elevou os níveis de satisfação dos clientes de 50% para 90%. Trata-se de um fantástico exemplo de como prestar um serviço com excelência.

E, é claro, que a iniciativa traz vantagens operacionais para a Ochsner, uma vez que o processo de autogerenciamento (talvez movido pelo reforço da ideia de iniciativa própria, de responsabilidade e da possibilidade de visualizar o que está disponível em termos de datas e horários) fez desabar o índice de faltas ou remarcações de consultas. Como se fosse pouco, o portal oferece uma nova plataforma de marketing criada para orientar os pacientes no que se refere a uma série de serviços de saúde. É claro que tudo isso custou dinheiro. Quando percebeu que os médicos e enfermeiras desempenhavam papel importante na orientação para que os pacientes usassem os recursos do portal, a empresa apostou no treinamento e incumbiu aos profissionais de tecnologia da informação a responsabilidade de ensinar os usuários. Ou seja, eles contavam com um sistema para acompanhar o uso e prestar apoio aos profissionais da clínica com dificuldades para usar o novo sistema. Alguns médicos não gostaram da ideia de deter menor controle sobre a agenda de pacientes, mas os custos internos da nova tecnologia foram compensados pela melhora da experiência dos consumidores.

Mais tarde, a Ochsner, motivada por uma série de motivos estratégicos, resolveu cobrar dos pacientes de Baton Rouge uma tarifa pelo novo serviço. Mas isso não importa aqui: o que importa é que a empresa de saúde tinha *condições* de fazer isso.

ASPECTOS IMPORTANTES

✓ É preciso basear a excelência no atendimento em alguma base. Se isso não acontecer, sua empresa corre o risco de oferecer *serviços gratuitos*, ou seja, adicionais ou diferenciais que são dados aos clientes sem contar com uma fonte respectiva de financiamento.

✓ Existem quatro maneiras de financiar um atendimento *premium*: (1) cobrar a despesa dos clientes, (2) fazer cortes de custos que também melhorem o serviço, (3) promover melhorias de serviço que resultem em custos mais baixos e (4) transferir parte das tarefas para os clientes.

✓ A primeira opção é a mais simples, pelo menos do ponto de vista de quem vai implantar o processo. As alternativas 2 e 3 são as mais confiáveis e a 4 é a que exige mais cuidado.

✓ Cobrar uma tarifa extra não é essencialmente uma medida boa ou ruim: o sucesso da iniciativa depende da relação que sua empresa estabeleceu com os clientes.

✓ A criação de um programa de fidelidade é uma das maneiras de obter recursos para financiar um serviço *premium*. Os verdadeiros programas de fidelidade (aqueles que de fato reforçam a disposição dos consumidores em pagar mais por um serviço melhor) são raros, uma vez que a maioria dos sistemas com esse nome não passa de programas de retenção dos clientes.

✓ Para que o sistema *self-service* faça parte de uma experiência de serviço incomum, é preciso que os clientes prefiram o auto-atendimento ao atendimento convencional.

Capítulo 3

Verdade número 3: A culpa não é dos funcionários

Qual foi a última vez que você teve uma experiência ruim ao ser atendido por um funcionário de *call center*? A maioria das pessoas diria que isso aconteceu há poucos dias. Sabe o que provavelmente se passou do outro lado da linha? O atendente com quem você falou estava de olho em oito telas ao mesmo tempo, tentando solucionar problemas para clientes insatisfeitos de diferentes culturas, idades e níveis de conhecimento do assunto, e tendo de lidar com uma crescente variedade de serviços e produtos. Considerando o investimento habitual em salários e treinamento, essa pessoa pode ser tanto um bom comunicador despreparado para solucionar questões técnicas quanto um técnico competente em treinamento para se comunicar com os outros. Em ambos os casos, não conta com os requisitos necessários para resolver o problema.

Sem dúvida, o "vilão" dessa estrutura capenga não é o funcionário sobrecarregado e despreparado, mas, sim, o sistema no qual ele opera – um sistema que "programa" as pessoas para fracassarem. Se sua empresa presta um serviço com frequência decepcionante, ou então começa com um atendimento excelente que decai após algum tempo, não é porque você, de alguma forma, selecionou no mercado apenas os profissionais errados. Provavelmente, o problema está no fato de que você construiu um modelo de serviços para funcionários ideais que só existem na sua imaginação.

Continue insistindo e piore as coisas

As empresas, em geral, não fornecem atendimento ruim de forma sistemática – a maioria oscila, às vezes acertando, às vezes errando feio. Mas excelência episódica não pode ser considerada excelência. Para piorar as coisas, a excelência eventual tende a funcionar como fator de distração, como elemento de destaque que desvia o foco do verdadeiro objetivo, ao sugerir que está tudo perfeito. Muitas vezes, essas distrações suscitam o que chamamos de "soluções de insistência".

Uma solução desse tipo baseia-se na lógica de que, se um funcionário consegue atuar de forma excelente, o mesmo deveria valer para todos. Quando uma pessoa apresenta um desempenho de acordo com o sistema (ou apesar dele, o que é mais provável), os gestores podem concluir que tudo se resume a uma questão de esforço pessoal. Nossa mensagem é simples: não é verdade. A forma de criação de uma empresa (e, mais especificamente, do sistema de gestão de pessoas) exerce uma influência bem maior.

Em primeiro lugar, tenha em mente que nem todos os seus colaboradores são super-heróis. No caso da maioria das empresas, é comum encontrar um quadro heterogêneo, formado por profissionais altamente qualificados e outros que absolutamente deixam a desejar. Não é fácil reconhecer isso. Há muitas explicações para tal desequilíbrio, desde o método de selecionar pessoas até a velha e boa política de evitar conflitos.

Mas uma coisa é possível afirmar: a não ser que sua empresa conte com os recursos e a capacidade para atrair, recompensar e manter sistematicamente o que existe de melhor no setor de atuação, poucos de seus subordinados podem ser considerados profissionais acima da média.

Em segundo lugar, talvez você esteja dificultando o trabalho de seus colaboradores. A caça por novas fontes de renda dentro das organizações leva, com frequência, a um aumento da complexidade operacional. Produtos e serviços novos (ou até mesmo novas variações de produtos e serviços antigos) resultam em processos, políticas e regulamentações inéditos, tecnologias e estruturas organizacionais novas e, além disso, clientes com necessidades absolutamente desconhecidas para você. Em um pequeno restaurante que analisamos, o cardápio passou de 25 itens para mais de uma centena em poucos anos. No mesmo período, o número de maneiras de preparar o drinque mais pedido da casa havia passado para 55. Em outra empresa, desta vez do setor de telecomunicações, os sistemas ficaram tão complicados que o treinamento para deixar um profissional médio familiarizado com tudo durava cerca de 13 meses. Detalhe: o tempo médio de permanência dos novos contratados era de nove meses. Ao mesmo tempo, a satisfação dos clientes desabava, apresentando um índice de apenas 30%.

Em resumo, o funcionário médio estava à deriva em um mar de complexidades. Colaboradores excepcionais, com condições para lidar com tudo isso, constituem uma presença bastante rara no mercado – muito mais rara do que os gestores gostam de admitir. Criamos postos de trabalho para serem ocupados por criaturas superpoderosas, mas aos poucos fica claro que temos de lidar com meros mortais de carne e osso.

Sistema de sucesso

Em um modelo de serviços que funciona corretamente, os funcionários são capazes e contam com motivação adequada para atingir a excelência. A capacidade pode ser obtida por meio de uma seleção adequada e da criação de cargos que permitam que pessoas "comuns" deem conta do recado. Já a motivação depende de um sistema que leve os profissionais a desejarem executar suas atribuições de forma eficiente (e que dificulte a má execução das tarefas).

A Bugs Burger Bug Killers (BBBK) construiu um excepcional sistema de gestão de colaboradores que integra e harmoniza quatro elementos: seleção, treinamento, definição das atribuições e avaliação de desempenho.[1] Vejamos cada um desses itens em separado.

Seleção

No apogeu do sucesso, a BBBK era a maior empresa independente de dedetização nos Estados Unidos. Com taxa de crescimento de 20% ao ano, atendia a 15 mil clientes em quase todos os 50 estados do país. O sucesso derivava de sua singular oferta de serviço e da promessa que a diferenciava. A BBBK garantia a total eliminação das pragas domésticas, ao contrário da concorrência, que falava em controle do problema. Se não conseguisse exterminar todos os insetos dentro de determinado intervalo de tempo, os clientes recebiam seu dinheiro de volta e ainda ganhavam um ano de prestação do mesmo serviço por um concorrente, pago pela BBBK.

Entre as outras empresas do setor, ninguém oferecia nada parecido – a praxe era se comprometer a "fazer o melhor possível", o que nem sempre correspondia à solução do problema. Mas, de acordo com a descrição feita por Al "Bugs" Burger, fundador da empresa, ao contar como começou o negócio, "chega um momento em que você se distancia da mediocridade em que todos os demais concorrentes resolveram se acomodar". Para a BBBK, a recompensa por oferecer excelência se traduzia na cobrança de quatro a seis vezes o valor praticado pela concorrência. Em alguns casos, dez vezes.

Qual a vantagem competitiva da empresa? De acordo com Burger, o segredo estava nos profissionais, em especial na atuação dos especialistas que lidavam diretamente com os clientes. Dentro da empresa, esse grupo desfrutava de um *status* privilegiado, e a hierarquia se organizava de forma a permitir que tais profissionais pudessem de fato atuar com excelência. Um executivo graduado conseguiu captar a mentalidade predominante da empresa: "É o trabalho dos especialistas que paga meu salário".

A criação de uma "elite" de profissionais começava no rigoroso processo de seleção, que incluía diversas etapas de entrevistas, não apenas com os candidados, mas também com seus familiares. Isso porque o exercício do cargo envolvia uma série de aspectos que afetavam o estilo de vida das pessoas, como, por exemplo, prestar atendimento em sistema de plantão. Assim, contar com a receptividade e o apoio da família era um elemento essencial para o sucesso do profissional. Os candidatos também passavam por avaliações específicas de habilidade e de adequação do perfil individual. Na filial de Miami, por exemplo, os executivos que coordenavam o processo selecionavam apenas entre 2% e 3% dos candidatos para as etapas finais. A decisão final cabia aos gerentes locais de serviço.

Mas o que os selecionadores tanto procuram? A BBBK recrutava dois perfis específicos de colaborador: profissionais perfeccionistas e potenciais gerentes com sensibilidade para os ideais de excelência. O processo era totalmente criado a fim de identificá-los. O próprio rigor do processo de seleção ajudava a definir os perfis-alvo, ao reforçar a mensagem de que a BBBK constituía uma espécie de seleto "clube". O equilíbrio entre os dois grupos tinha tanta importância quanto os perfis procurados: a empresa concluiu que um número excessivo de pessoas com apenas uma das características ameaçaria a cultura e a coesão das equipes de trabalho.

Como na BBBK, o grande truque da seleção consiste em saber exatamente quais são as características desejadas, de modo a criar um processo de trabalho compatível com essa realidade. As entrevistas da Southwest Airlines são feitas em grupos, em geral envolvendo funcionários e até clientes no processo. Nesse ambiente formado por profissionais que disputam um emprego, colaboradores da empresa e alguns clientes, uma das solicitações feitas aos candidatos é para que descrevam o momento mais constrangedor que já viveram. A maioria das pessoas se surpreende ao saber que essa animada companhia aérea adota uma técnica de seleção tão agressiva, e concluem que a Southwest investe pesado em testar a confiança das pessoas.

Só que não é o que parece. Quando a pessoa descreve seu momento mais constrangedor, expondo-se diante de estranhos que disputam a mesma vaga, os recrutadores da Southwest estão de fato observando os demais concorrentes. O objetivo é identificar reações de empatia, sinais de que o ouvinte se sente solidário com a pesssoa que expõe seu drama. Os profissionais da Southwest acreditam que, em meio às nuvens, esse sentimento é crucial para alguém proporcionar um bom atendimento aos passageiros.

Você deveria investir no que tem de melhor?

Em um mundo ideal, todos os seus colaboradores seriam ótimos no que se refere à aptidão e à atitude. Essas pessoas podem ser alocadas no quadrante superior direito da figura 3-1 (a representação é a mesma da figura 1-1). São profissionais altamente motivados, integrantes de uma equipe afinada que também esbanja competência – o tipo de pessoa que temos em mente quando pensamos em como chegar a um atendimento fora do comum. Só há um problema: como você não é o único a querer contratar profissionais assim, eles custam caro.

FIGURA 3-1

O custo da contratação de "funcionários-estrela": profissionais que ocupam o quadrante superior do gráfico são difíceis de recrutar e de reter na empresa

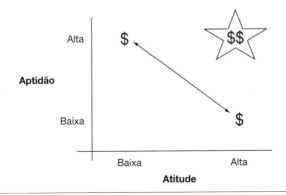

Se sua empresa cria um sistema de operação que depende de "funcionários-estrela", esteja preparado para pagar por esse privilégio. Organizações como a empresa de consultoria McKinsey podem se dar o luxo de contratar pessoas situadas no quadrante superior direito da figura 3-1 porque cobra muito bem de seus clientes – o que, por sua vez, permite investir pesado na atração e retenção de profissionais de desempenho acima da média. Para a McKinsey, esse investimento inclui altos salários e um foco acentuado no desenvolvimento profissional, como a participação em workshops realizados em locais peculiares, como os Alpes austríacos.

Poucas empresas podem bancar um investimento em recursos humanos dessa grandeza. A alternativa está em criar um sistema de gestão de pessoas capaz de render resultados extraordinários contando com profissionais que custam bem menos. Como explicado no capítulo 1, o Commerce Bank simplificou as tarefas na oferta geral de serviços, o que permitiu contratar pessoas com base na motivação, e não nas habilidades financeiras.

Como o Commerce resolveu a questão da seleção? O banco precisava literalmente de apenas 15 segundos de entrevista para avaliar um candidato. Dentro desse período, o entrevistador tinha condições de conferir se os potenciais colaboradores eram capazes de sorrir quando estavam sem fazer nada. Os profissionais de recrutamento do banco perceberam que a maioria das pessoas sorri quando recebe um estímulo para isso, mas que todos nós passamos a maior parte do tempo com uma expressão negativa ou neutra no rosto. Um pequeno grupo de pessoas, porém, sorri de forma espontânea, como se fosse uma "postura padrão". Como uma jornada de oito horas dentro de uma agência do Commerce exige oito horas de boa disposição, a empresa decidiu procurar indivíduos com o "gene do sorriso".

É claro que, para começar, o banco teve de criar um meio de atrair gente desse tipo para as entrevistas de seleção. O Commerce Bank investiu sério nisso e apostou em um quadro de funcionários caracterizado por reunir... pessoas felizes. Como qualquer outra tribo, pessoas sorridentes são muito boas em identificar seus iguais. Assim, o Commerce distribuía uma grande quantidade de cartões para os recém-contratados com uma mensagem de estímulo para que convidassem outras pessoas a ingressar na "família". Em seguida, o banco orientava os recém-chegados a entregar o "convite" para qualquer pessoa que os impressionasse ao prestar um serviço ou atendimento. Podia ser qualquer pessoa, esclarecia o banco – o atendente do pedágio, o bibliotecário, o caixa da loja de conveniência. Só havia exceção: o Commerce não queria convites distribuídos para profissionais do mercado financeiro, aí incluindo outros bancos de varejo. Motivo: custaria muito caro "desprogramar" tais profissionais, que também tendiam a ser caros por conta das exigências feitas para serem admitidos na maioria dos bancos e corretoras.

Treinamento

Quem era selecionado para trabalhar na BBBK passava cinco meses em treinamento. Na época, o período padrão no setor para essa etapa era de algumas semanas e, em alguns casos, não mais do que poucos dias. Como um executivo da empresa notou, a abordagem da BBBK era como o treinamento do exército, só que três vezes mais longo e duas vezes mais difícil. O investimento de tempo, energia e dinheiro se diferenciava radicalmente do que era considerado padrão no setor.

Nesses cinco meses, os recrutas não eram tratados como observadores passivos. Sob instrução em tempo integral de um executivo responsável, era preciso aprender rapidamente e mostrar a capacidade de atender às expectativas. No meio do treinamento, os candidatos eram enviados a Miami para participar de um programa intensivo com duas semanas de duração. No sexto mês, enfim, os especialistas recém-qualificados finalmente entravam na ativa. Qual o custo dessa preparação? Na década de 1980, cerca de US$ 15 mil por pessoa, o que em valores corrigidos para a atualidade resulta em quase US$ 30 mil.

Os esforços concentravam-se tanto no desenvolvimento da habilidade técnica quando na inserção dos candidatos (ou candidatas, já que a BBBK não se importava em contratar mulheres) na peculiar cultura da empresa. A experiência também reforçava a mensagem, explicitada no processo de seleção, de que os novos contratados constituem parte essencial do sucesso da empresa. O próprio "Bugs" fazia questão de participar ativamente dos treinamentos, dedicando um dia inteiro para convívio com cada turma. O fundador da empresa assumiu como tarefa a motivação dos novos funcionários e o reforço ao compromisso com o atendimento de alta qualidade.

Esse tipo de formatação cultural, que será explorada em mais detalhes no capítulo 5, é um dos marcos do treinamento eficiente. O controle de qualidade é outro aspecto essencial. No Commerce Bank, no primeiro dia de orientação os funcionários são reunidos em uma grande sala. O orientador, postado lá na frente, começa a conversa com a afirmação "Você todos perderam o juízo!". A plateia fica em choque. Meio minuto depois, o facilitador esclarece que no Commerce Bank os funcionários atendem o telefone com uma atitude de franco entusiasmo. Em seguida, pede que as pessoas façam de conta que estão diante do telefone. A seu sinal, ela devem atender uma chamada com esse estado de ânimo: "um, dois, três e… alôôôô!"

Em seguida, acontece uma coisa incrível. Alguns selecionados não suportam aquilo e se dirigem para a saída, convencidos de que aquele lugar de malucos não é para eles, que não podem aceitar a condição de "simpatia obrigatória". O Commerce Bank descobriu, assim, uma maneira de afastar da instituição quem tem poucas chances de se adaptar a ela – e isso logo no primeiro dia de treinamento. Ou seja, não gasta um níquel com pessoas pouco dispostas a serem totalmente atenciosas com estranhos, e isso durante o dia todo, todos os dias e em qualquer circunstância.

A Zappos também tenta se livrar de quem não se adapta ao perfil desejado antes de começar a investir. Isso funciona, em parte, por meio do envio de todos os novos contratados (dos mais graduados aos atendentes de *call center*) a um programa de treinamento com duração de um mês. A medida reforça um dos valores essenciais da empresa – "seja humilde". Qualquer pessoa que se sinta desconfortável com esses valores ou com a forma como eles se manifestam no cotidiano do trabalho é estimulada a abandonar o barco em qualquer etapa do treinamento. Em pleno andamento do programa, a Zappos oferece a soma de US$ 2 mil aos novos recrutas que queiram sair do processo, sem perguntar nada. A empresa aprendeu que qualquer profissional que valorize mais a possibilidade de ganhar dinheiro do que a oportunidade a longo prazo não é uma contratação interessante.

Perfil do cargo

A alternativa a um treinamento rigoroso, claro, é a criação de tarefas intuitivas a ponto de permitir que os funcionários possam desempenhá-las já no primeiro dia de trabalho. Fazendo uma comparação, seria uma abordagem oposta à adotada na BBBK, mas um caminho igualmente viável rumo à excelência no atendimento. Essa alternativa não funciona em qualquer setor, mas a lógica que a move é bastante aplicável: simplifique as tarefas para permitir que seus colaboradores consigam se concentrar no atendimento.

Foi o que fez o LSQ Funding Group ao desenvolver um inovador modelo de serviços. A empresa atua com o desconto antecipado de duplicatas, atividade conhecida como factoring e que existe há séculos – mas o LSQ encontrou uma maneira de oferecer velocidade, transparência e humanidade como nunca havia sido feito. Na maioria dos casos, os clientes têm acesso aos recursos em poucas horas, algo possível graças a funcionários que apresentam uma taxa de rotatividade que não chega a 5%. Esse número é impensável nos centros de operação financeira, em geral famosos pelo ambiente profissional impiedoso, que tende a estimular o rápido *turn over* de colaboradores. Ao reduzir a complexidade técnica das tarefas, o LSQ praticamente eliminou a necessidade de treinamento. Em vez de treinar os novos colaboradores para exercer as demandantes operações de análise de riscos, atribuições específicas para quem trabalha com factoring, o LSQ automatizou tais processos por meio do uso de sistemas de tecnologia da informação amigáveis e customizados, passíveis de ser operados por pessoas sem experiência anterior. Segundo o fundador da empresa, Max Eliscu, a tecnologia faz com que os recém-contratados se sintam "capacitados e preparados" de imediato. Essa dinâmica permite à empresa competir em aspectos como velocidade de atendimento ao cliente, além da priorização da postura dos candidatos na hora da seleção. Por causa de sua plataforma de tecnologia da informação, o LSQ também desfruta de liberdade para se concentrar na identificação de características como a adequação do candidato à cultura da casa, a afinidade com a tarefa e a atitude, elementos que diferenciam a empresa no que se refere ao relacionamento com os clientes.

Outras empresas também preferiram uma abordagem mais direcionada na hora de definir tarefas. O Commerce Bank, por exemplo, simplificou sua oferta de produtos a fim de combiná-los com o perfil mais atencioso e menos especializado de seus atendentes. A Southwest também apostou na simplicidade e preferiu atuar com um único modelo de avião, o Boeing 737, além de se recusar a transferir bagagens para outras companhias aéreas, decisão que desafia as práticas vigentes no setor. A Zappos construiu excelência em cada medida cotidiana, em parte por ter projetado um sistema de atendimento em *call center* que permita que qualquer um, e não apenas um profissional especializado e treinado, possa dar conta das tarefas sem se sentir sobrecarregado. As pessoas que atendem às chamadas telefônicas na empresa acompanham apenas três telas. Com a mecânica do trabalho devidamente controlada, têm bem mais condições de prestar um atendimento de qualidade para os clientes, superando amplamente as expectativas.

Mais uma vez, o que pode complicar a determinação eficiente das tarefas é a complexidade, característica que de vez em quando tem o mau costume de invadir nossos sistemas e nossa forma de trabalhar, em geral quando estamos tentando reagir às pressões do mercado ou procurando novas fontes de recursos. Você talvez tenha solucionado o problema da complexidade crescente há, digamos, cinco anos, remodelando os papéis e as responsabilidades de acordo com as circunstâncias e os recursos humanos de que dispunha meia década atrás. Só que isso não basta: é preciso estar atento o tempo todo. O que importa é se a atual definição das tarefas está apropriada para as pessoas que trabalham com você hoje.

As soluções tecnológicas ajudam ou confundem seus colaboradores?

As ferramentas de tecnologia da informação que geram resultados positivos são aquelas desenvolvidas levando em conta a experiência do usuário, incluindo a forma e o ritmo com que os dados são introduzidos em uma tarefa em específico. Em termos ideais, são desenvolvidas de forma associada à incumbência propriamente dita, mas isso raramente acontece. Em geral, cria-se uma função, a tecnologia avança e só se pensa em atualização dos sistemas bem mais tarde. O resultado, como se pode esperar, é o aumento da carga operacional transferida para os funcionários. O saldo previsível dessa sobrecarga: desmotivação generalizada. Em uma excelente discussão publicada em seu blog, Andrew McAfee, do MIT, analisa como reduzir esse risco e integrar as soluções de TI de forma produtiva.[a]

Uma solução de TI de fácil utilização, em geral, equivale a ter um sistema bastante sofisticado como base – o que, na maioria das vezes, é uma tecnologia cara e de difícil manutenção. Soluções "prontas", como os programas da Salesforce.com, podem ser alternativas eficientes e de custo interessante, mas se sua empresa requer algo mais customizado será preciso investir. O LSQ, por exemplo, destina cerca de 7% de seus lucros para investimentos em tecnologia da informação, enquanto a média do setor não passa de 1%. Mas o investimento pode valer a pena, sobretudo quando a compensação ocorre em outros campos. No caso do LSQ, a vantagem dos sistemas de TI é evidente: proporcionam uma plataforma para a velocidade e a transparência organizacional, segredos para o posicionamento da empresa. O modelo também oferece maior mobilidade entre os colaboradores. As pessoas são menos especializadas, e aqueles que detêm um precioso conhecimento institucional não vagam pela empresa sem ser naturalmente percebidos pelos líderes da organização. Isso significa que, como ninguém está preso a uma função ou cargo específicos, existe liberdade para avançar rapidamente para outro nível de desafio e de crescimento. Também significa que quase todos os colaboradores estão preparados para atender às demandas dos clientes de forma rápida e consistente. Mas talvez a vantagem mais importante seja a de tornar o modelo de serviços bastante flexível, o que explica porque o LSQ hoje tende a crescer mais do que os concorrentes.

Infelizmente, essa não é a realidade vigente nas empresas de prestação de serviços. Com grande frequência, sistemas bem-intencionados acabam prejudicando a produtividade em vez de favorecê-la. Em uma empresa de serviços de saúde que estudamos, por exemplo, as informações sobre os pacientes eram cuidadosamente digitalizadas, mas não havia computadores suficientes para toda a equipe de médicos, incluindo os profissionais visitantes, que constituíam parte importante do processo. Muitas vezes, os médicos tinham de usar seus computadores de uso pessoal para acessar o sistema e, se não finalizassem a operação de determinada maneira após o uso, tinham de voltar a um terminal de acesso específico para conseguir novo acesso. Assim, um atarefado médico que atendesse seis casos similares de pacientes instalados em alas ou andares diferentes tinha de se deslocar pelo hospital em busca de computadores disponíveis naquele momento. O caso definitivamente não constitui um bom exemplo de combinação adequada entre tecnologia e definição de tarefas com vistas a um atendimento melhor...

Aqui vai a mensagem mais importante: esteja preparado para integrar de forma inteligente os recursos da tecnologia e as atribuições dos profissionais, utilizando desde programas avançados e computadores de última geração a treinamentos eficientes e a adoção de *feedbacks* regulares. Ignorar o problema ou optar por uma solução parcial pode ser um desastre, enquanto os ganhos com uma implementação adequada podem surpreender.

a. Andrew McAfee, "Andrew McAfee's blog: the business impact of IT," http://andrewmcafee.org/blog.

Gestão de desempenho

A definição de cargos e tarefas basicamente envolve a adequação das atribuições ao perfil do funcionário – sua postura e suas habilidades. A gestão de desempenho inclui a criação de incentivos para que uma tarefa seja executada da melhor forma, ao mesmo tempo em que desencoraja uma atuação abaixo do esperado. Esses são os mecanismos que mantêm os colaboradores motivados, os quais podem se combinar com controles como listas de procedimentos e de checagem, que em geral impedem as pessoas de se desviar muito do trajeto traçado.[2]

Os colaboradores da BBBK recebiam estímulos por meio de mecanismos consagrados, embora muitos deles fossem novidade no setor: boa remuneração, participação nos lucros, bônus de acordo com os resultados. Tais fatores faziam a diferença, estimulavam o senso de pertencimento entre a equipe e indicavam que aquela empresa não era igual às outras do mercado. Mas os incentivos davam resultado porque se combinavam com outro diferencial: a oferta irrestrita de acesso à informação.

Os especialistas desfrutavam de grande autonomia, trabalhavam sem supervisão e estabeleciam o próprio planejamento.

Muitos declararam que se sentiam como se cuidassem de um negócio próprio. No entanto, no fechamento de cada mês, um desses profissionais era convocado para apresentar em detalhes a interação com os clientes e abordar todos os aspectos – desde os hábitos de limpeza adotados em cada caso até o menor indício de que algum descuido poderia ter causado o problema. Os funcionários também eram orientados a declarar por escrito se precisavam de ajuda, e os recursos necessários estavam sempre disponíveis, mesmo quando a ajuda solicitada envolvia trazer um especialista de outro lugar, quando o caso exigisse um cuidado excepcional. Desde o início do processo seletivo, uma orientação ficava clara: existe perdão para os erros, mas não para as mentiras.

Alguns dias após a visita de um técnico, o cliente recebia o telefonema do gerente regional que supervisionava aquela área. O serviço já havia sido prestado, e o superior entrava em contato apenas para conferir a satisfação do cliente. O procedimento de colher o *feedback* sobre o desempenho do especialista logo depois da prestação do serviço criou um poderoso incentivo para a promoção da excelência, bem como eliminou a possibilidade de a equipe atribuir eventuais problemas ao cliente. Além disso, uma equipe de controle de qualidade percorre o país visitando consumidores e preenchendo relatórios. Os técnicos desconhecem quando (ou se) seus clientes serão procurados por essa equipe de controle. De acordo com um dos profissionais da empresa, "é uma forma de nos pressionar, mas também de nos manter atentos aos padrões. Sem isso, talvez fôssemos uma empresa como qualquer outra". Um colega complementa: "Funciona como uma motivação a mais".

O sistema também permite que a empresa proteja seus técnicos de clientes que agem em desacordo com o estabelecido. Se um deles não observa as determinações de procedimentos estabelecidas pelo especialista, deixa de ser atendido pela BBBK. O funcionário em questão não é prejudicado: recebe subsídio até o surgimento de outro cliente em sua carteira (no capítulo 4, vamos dedicar mais tempo para a gestão de clientes e a abordagem adotadas pela BBBK). Aqui, o importante é ressaltar que o papel gerencial do líder não se limita a administrar os funcionários.

O sistema de gestão de desempenho da BBBK constitui um ponto favorável para a empresa, pois ajuda a oferecer um serviço excepcional num setor marcado pela indiferença, quando não pela fraude propriamente dita. Um dos clientes ficou tão impressionado com o que viu que decidiu trocar o emprego como gerente de restaurante por uma vaga na BBBK: "Já era plena noite, e lá estavam aqueles cinco caras, no meio da sujeira e rastejando por toda parte, apenas fazendo muito bem o seu trabalho... De repente um deles se levantou do chão. Até aí eu não sabia, mas aquele era o chefe, uma pessoa capaz de motivar os demais a fazer esse tipo de trabalho. Na hora, decidi me juntar a eles".

Há relatos semelhantes em diversas partes do país, e isso acontece porque o estímulo para desempenhar bem as tarefas não funciona apenas para os indivíduos, mas também se aplica perfeitamente a todo o sistema de gestão de colaboradores.

Não afirmamos que a abordagem da BBBK seja universal, embora o proposital equilíbrio entre "confiança e controle" também esteja presente nos sistemas gerenciais de várias outras organizações de sucesso. Em vez disso, preferimos insistir para que os gestores confiem em seus instintos e usem sua criatividade, pois é assim que a BBBK obtém seus resultados, ainda que a concorrência inicialmente tenha considerado as inovações da empresa "coisa de loucos". Adapte sua estratégia para as necessidades e oportunidades específicas de sua empresa, e resista à tentação de se apoiar exclusivamente em "alavancas" de desempenho, não importa o quanto elas estejam entranhadas em seu setor de atuação.

Quem precisa de roteiro?

Tendemos a associar os guias de procedimentos aos profissionais de remuneração inferior, atendentes de *call centers* sem treinamento adequado ou que precisam respirar fundo para lidar com uma enxurrada de clientes furiosos. No entanto, a varejista canadense Spence Diamonds revelou a importância do "manual de instruções" para cerca de 100 mil funcionários. A empresa experimentou um elevado crescimento no setor de joias, com margens duas vezes superiores à média do setor. Ao contrário do que se pode imaginar, conquistou tal resultado ao prestar um serviço excepcional por meio da equipe de vendas mais bem remunerada no mercado. O que talvez não surpreenda tanto é saber que o processo de venda (altamente baseado em um roteiro predefinido) orienta os vendedores sobre o que dizer, quando dizer e como se portar durante um contato com cliente – inclusive o modo adequado de manipular a caneta.

Os "consultores de diamante" da Spence ganham mais do que o dobro do salário padrão no setor. Segundo o presidente da empresa, Sean Jones, gerenciar os profissionais de vendas equivale a comandar um time de basquete da NBA, com todo o cuidado para respeitar os egos, a química da equipe e o ritmo do jogo. Cada pessoa é um jogador, responsável pelos próprios movimentos. O trabalho de Sean Jones consiste em levar essas pessoas a fazer algo realmente estranho: não confiar nos próprios instintos, mesmo quando essa intuição permite dominar o ambiente das vendas. O vendedores devem apenas aprender o roteiro e se manter fiéis ao teor daquelas 70 páginas, mesmo quando se sentem seguros o bastante para conduzir o processo por outros rumos.

O que explica tamanha rigidez? Jones descobriu que seus profissionais tinham seis vezes mais chances de agir com eficiência se seguissem ao pé da letra o "sistema de vendas Spence", desde o momento em que o cliente entra na loja até o fechamento do negócio. O processo é detalhado com precisão científica, a fim de definir exatamente o que os clientes esperam e como ajudá-los a se manter confiantes. Na opinião do fundador da empresa, Doug Spence, compartilhada por Jones, quando o potencial cliente típico (jovem e do sexo masculino) adentra o ponto de venda, ele está simplesmente apavorado. Não se trata de uma pequena ansiedade ou insegurança, mas de legítimo terror. Não apenas por causa do produto à venda ali, mas da instituição que ele simboliza – afinal, casamento é coisa séria. Outro elemento contribui para ampliar esse temor: o potencial cliente sabe que será julgado por amigos e familiares com base na escolha que fizer. O medo vem acompanhado de outra preocupação, que se manifesta quando ele pisa na loja: corte, cor, claridade, quilates – toda uma linguagem nova e cifrada, da qual ele não conhece uma palavra.

Muitas joalherias fazem pouco para amainar a ansiedade de quem quer comprar uma joia. O cliente entra em um domínio definido, em geral bastante feminino. Uma pequena seleção de produtos pode ser avistada através das vitrines de vidro espesso. Em geral há um segurança armado na porta, o que aumenta a sensação de estar no lugar errado na hora errada, e com sérias consequências. Agora, compare com a experiência oferecida pela Spence: um ambiente cordial e acessível, mostradores abertos que exibem milhares de modelos feitos com um mineral que imita diamante chamado zircônia cúbica, que o cliente pode tocar e sentir, e um atendimento personalizado sobre os aspectos básicos da classificação dos diamantes. Os clientes da Spence são recebidos por um vendedor atencioso, que sabe exatamente as palavras adequadas e o momento ideal de exteriorizá-las a fim de ajudar o comprador a tomar um decisão duradoura.

Mas nem todo o sucesso do modelo pode ser creditado à existência de um roteiro de vendas. Como outros prestadores de serviço que se destacam pela qualidade, a Spence Diamonds decidiu onde se superar (no caso, na seleção, no serviço e no preço) e em quais aspectos poderia deixar a desejar – localização das lojas e investimento na marca. A empresa investe apenas em um ponto de venda em cada mercado-alvo, e procura sempre um local próximo a (mas não *dentro* de) uma área valorizada, a fim de fugir dos aluguéis exorbitantes. Sua fórmula consiste em oferecer excelência por meio de equipes enxutas porém de alto nível, conceito desprezado em diversos setores. Paga salários mais altos do que a concorrência, mas, em compensação, contrata e gerencia menos e melhores funcionários.

Jones assegura, no entanto, que a grande vantagem competitiva da empresa está mesmo no roteiro de vendas. Hoje a Spence é a joalheria mais lucrativa do Canadá e encontra-se em processo de expansão global. Qual o maior obstáculo para o crescimento? Recrutar profissionais aptos a vender diamantes com simpatia e simplicidade, além de encontrar bons treinadores capazes de manter a equipe fiel ao roteiro.

Muitas das ferramentas de motivação profissional mais conhecidas não conseguem suscitar o comportamento adequado dos colaboradores, e não faltam exemplos disso. Diversas pesquisas vêm sendo desenvolvidas a fim de desafiar o consenso predominante em torno dos incentivos mais adotados.

Vejamos o caso das gorjetas. Michael Lynn, professor de marketing e de comportamento do consumidor na Cornell University, sustenta que há uma relação de menos de 11% entre a qualidade do serviço e o tamanho da gorjeta.[3] A famosa dona de restaurantes Alice Waters apontou outro problema: mesmo quando se assume que a perspectiva de uma boa gorjeta motiva os garçons, ela não afeta em nada o moral de quem trabalha na cozinha. E, conforme a empresária destacou quando aboliu a gorjeta voluntária e instituiu uma taxa de serviço de 17% no conhecido restaurante Chez Panisse, um garçom atencioso não garante a fidelidade dos clientes se a comida servida na casa não tiver qualidade.

Às vezes, a solução pode estar em estabelecer sistemas de incentivos diferentes conforme as distintas funções desempenhadas pelas pessoas. Em sua maioria, as empresas voltadas para as vendas fazem isso: remuneram os vendedores com base em comissões enquanto os demais profissionais recebem salário fixo. No entanto, a customização também pode possibilitar uma avaliação criativa do sistema de recompensas. Basta ver, por exemplo, o que acontece com a motivação de uma equipe de tecnologia da informação quando suas instalações são separadas da estrutura principal da empresa.

Em outras ocasiões, a gestão do desempenho precisa ser um processo totalmente desenvolvido "dentro de casa". Quando testemunham o bom desempenho de um colega, os funcionários do Commerce Bank lhe oferecem um adesivo com as incrições "ótimo trabalho" ou "continue assim". Esse sistema pode não funcionar para os corretores do Citigroup, mas combina bem com o ambiente e os profissionais de perfil "gente boa" do Commerce.

A gestão de desempenho da grande rede varejista brasileira Magazine Luiza inclui a realização de competições de torcidas organizadas toda segunda-feira, às 7h45. A medida tem total consonância com o resto do sistema de gestão adotado pela empresa, que se concentra sobretudo na possibilidade de ascensão profissional, concretizada na forma de um programa de incentivos chamado Liberdade Assistida. O programa estabelece que, se alguém deseja ocupar o cargo de gerente, precisa se esforçar para que seu superior alcance uma promoção, abrindo o caminho para seu próprio progresso.

O Magazine Luiza desafia as crenças tradicionais no que se refere à gestão de desempenho, ao manter uma imensa base de dados sobre o comportamento dos clientes (em sua maioria, pessoas de baixo poder aquisitivo), como, por exemplo, seus ciclos de compra. Quando o ritmo do ciclo perde intensidade, os funcionários são incentivados a entrar em contato com clientes que não fazem compras há determinado tempo. O que ganham em troca? A comissão média paga aos colabordores é de 35% sobre as vendas realizadas.

Como ocorre com quase tudo em uma empresa, a gestão de desempenho precisa ter dinamismo, consistência e sensibilidade às mudanças internas e externas. O sistema de gorjetas já foi bem-sucedido no caso da Celebrity Cruises, mas vale lembrar que no início das operações a maioria dos passageiros era formada por norte-americanos. Com a mudança da clientela, a situação mudou. Dar gorjeta é uma prática bem menos comum na Europa; na Ásia, chega a ser malvista. Durante anos, a empresa oferecia uma comissão de 10% aos funcionários e contava com a generosidade dos clientes para ajudar a motivar sua tripulação, mas há pouco tempo teve de rever essa diretriz.

Tenha em mente que dinheiro nem sempre constitui o fator de incentivo mais eficiente para uma equipe de colaboradores. Algumas pesquisas apontam que o reconhecimento e o *status* podem surtir efeitos bem mais eficientes, assim como as ideias de pertencimento e de objetivos partilhados. Todas as pessoas precisam acreditar que o que fazem tem importância e as consequências desses resultados nem sempre são de fácil digestão, sobretudo em setores nos quais os sistemas de recompensa parecem consolidados demais para ser alterados. O Cleveland Clinic, com frequência apontado como um dos melhores hospitais dos Estados Unidos, é um centro pioneiro no tratamento de distúrbios cardíacos e de diabetes. Os médicos não recebem remuneração com base nos atendimentos realizados, sistema comum adotado pelas empresas de saúde, mas são funcionários registrados. Aparentemente, o que os motiva a prestar um atendimento extraordinário é algo associado ao trabalho em si e ao privilégio de fazer parte de uma equipe considerada exemplar.

A questão principal aqui, como em qualquer outro aspecto, é que um sistema de gestão competente precisa ter consistêcia com a realidade interna da empresa e estar integrado ao restante do modelo de negócios, pois é essencial que todas as partes trabalhem em harmonia.

ESTUDO DE CASO

Inovação nos *call centers* da Verizon

A empresa norte-americana de comunicações Verizon enfrentou a necessidade de rever o sistema integrado de gestão de desempenho quando decidiu montar *call centers* para atender duas linhas de atividades distintas: o tradicional serviço local de longa distância e o recém-lançado DSL.[a] O primeiro item funcionava muito bem com base nos quatro elementos de um sistema de gestão de funcionários: a Verizon sabia bem quem selecionar (pessoas que gostavam de construir *expertise* em tarefas repetitivas) e qual treinamento oferecer. Esses candidatos passavam por três meses de treinamento intensivo, que os preparava para executar com perfeição uma função bastante conhecida. A gestão de desempenho não enfrentava dificuldades: o uso de um roteiro limitava o espaço dos atendentes no que se refere ao que eles podiam dizer ao cliente, o qual raramente telefonava para apresentar dúvidas ou problemas que a empresa nunca tivesse solucionado.

No que se referia ao atendimento relacionado ao DSL, a situação se revelava bem diferente. Como era difícil antecipar o que os clientes do produto perguntariam ao entrar em contato com a empresa, os roteiros predefinidos tinham pouca utilidade. Pessoas que apreciavam tarefas repetitivas ficavam ansiosas e aflitas diante da incerteza das demandas dos consumidores, o que obrigou a empresa a recrutar um tipo de empregado diferente, apto a lidar com a ambiguidade e que não se assustasse com a falta de previsibilidade. A Verizon precisou contratar pessoas novas e capazes de ajudar a organização a aprender – uma diferença crucial nos objetivos da empresa, conforme o estudado por nossa colega Amy Edmondson.[b] Nesse caso, não fazia o menor sentido investir em um programa de treinamento de três meses de duração, uma vez que ninguém sabia exatamente no que consistia a tarefa a ser ensinada. Finalmente, a Verizon conseguiu implantar um novo sistema de gestão de funcionários para o caso do DSL, mas isso só aconteceu depois da frustrada tentativa de "transplantar" um modelo que já conhecia. A empresa somente aceitou criar um sistema totalmente novo a partir do zero mediante o fracasso de alguns de seus funcionários até então mais destacados ao lidar com o imprevisível universo do DSL.

a. DSL – Digital Subscriber Line, linha digital de alta velocidade que permite o uso para telefonia, transmissão de televisão e acesso à internet.

b. Amy C. Edmondson, *Teaming: How organizations learn, innovate, and compete* (São Francisco, Jossey-Bass, 2012).

Na prática

Se o serviço que sua empresa presta é decepcionante, nada além de mediano ou insuficiente dentro de um modelo que supostamente resultaria num padrão de excelência, uma explicação possível pode estar no descompasso entre os funcionários e as atribuições dadas a eles. Parece familiar?

Em caso positivo, de início aconselhamos a empresa a estimar o tamanho desse descompasso. Sugerimos duas medidas de "diagnóstico" que permitem identificar a magnitude do problema. Se você dispõe de alguns dias para avaliar a questão, comece com a abordagem número 1. Caso conte com apenas alguns minutos, prefira a segunda alternativa.

Passo nº 1: Imersão na realidade
(tempo de diagnóstico: um ou dois dias)

Abandone sua posição distanciada e vá investigar o que acontece nas linhas de frente de sua empresa. Se precisar de inspiração, assista a alguns episódios da série da CBS *Undercover Boss* (no Brasil, *O Chefe Espião*, transmitido pelo GNT), que mostra o que acontece quando executivos de grandes empresas assumem o lugar de funcionários de outros níveis hierárquicos e mergulham na rotina de trabalho. Trata-se de uma boa fonte de informações, uma vez que oferece panorama diversificado, dá uma medida das dificuldades (em geral, as tarefas são bem mais difíceis do que o "espião" imaginava) e descortina a possibilidade de ajustes (com frequência, os episódios terminam com os executivos com ar humilde e comovido, prometendo fazer algo para mudar a experiência cotidiana de seus colaboradores). Na condição de simples observador, você não terá opções a não ser atentar e refletir sobre suas concepções em relação aos trabalho das pessoas que o cercam. Impossível não se identificar com elas conforme enfrentam as dificuldades do cotidiano, por isso prepare-se emocionalmente para essa jornada "em busca da verdade".

Na maioria das empresas não é fácil assumir e manter uma identidade falsa como no *reality show*, mas a segunda alternativa surte quase o mesmo efeito: converse abertamente com as pessoas sobre suas experiências no dia a dia profissional, o que facilita ou dificulta o cumprimento das tarefas e como as atribuições de cada um mudaram com o passar do tempo. Observe as pessoas em ação, tente executar as incumbências de um funcionário médio durante um dia e veja como se sai. Assuma um posto no *call center* de sua empresa e tente dar conta de oito telas ao mesmo tempo...

Recomendamos dedicar dois dias a esse exercício, a fim de reunir dados obtidos a partir de perspectivas diferentes. A maioria dos executivos descobre algum descompasso entre os funcionários e as atribuições dadas a eles, e encontra condições para decidir se isso constitui ou não uma ameaça à experiência de serviço.

Passo nº 2: Complexidade no tempo (tempo de diagnóstico: 15 minutos)

Se você já tem uma ideia do que descobriria caso se disfarçasse para viver por um tempo a realidade dos seus colaboradores, tente fazer uma representação gráfica de como a complexidade operacional se modificou nos últimos cinco anos (isso pode ser feito para qualquer atribuição). Em seguida, registre a mudança na sofisticação do perfil do funcionário, considerando o mesmo espaço de tempo. Se seu gráfico se assemelhar à figura 3-2, sua empresa está com problemas.

FIGURA 3-2

Descompasso entre a complexidade e as habilidades

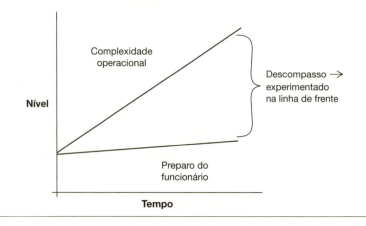

Alguns grupos com os quais trabalhamos saltaram o primeiro passo e se limitaram a fazer a análise proposta no item 2, o que, em algumas ocasiões, basta para identificar os problemas. Em geral, propicia a realização de discussões profundas sobre os reais custos do descompasso identificado: um atendimento que piora com o tempo e uma equipe de trabalho cada vez mais sobrecarregada. Os custos tendem a ser absorvidos pelos clientes e pelos profissionais menos graduados da empresa, que também tendem menos a se queixar da situação. São esses profissionais que carregam o fardo da inadequação e cabe aos gestores solucionar esse problema.

Passo nº 3: Eliminação do descompasso

Quando uma empresa identifica a incompatibilidade entre os colaboradores e as tarefas que precisam desempenhar, restam basicamente duas opções: reduzir a complexidade operacional ou elevar o perfil dos profissionais contratados. Em outras palavras, mudar as atribuições ou mudar as pessoas. Se a opção for alterar o perfil dos funcionários, as ferramentas disponíveis são a seleção e o treinamento. A seleção pode funcionar em empresas que já contam com alta rotatividade, mas em geral trata-se de uma solução complicada para qualquer outra organização, já que a maioria delas não dispõe de tempo, recursos e disposição para mexer radicalmente no quadro de colaboradores. O treinamento constitui outra opção, mas há risco de subestimar (às vezes, de forma dramática) o que precisa ser realmente mudado. Superar um grande descompasso exige um volume substancial de investimento e de atenção por parte dos gestores. Um seminário de dois dias não basta para transformar um comissário de bordo em piloto, certo?

Mas, então, o que fazer?

O objetivo está em restabelecer o equilíbrio entre o perfil dos funcionários e a complexidade operacional. Comece fazendo o que for possível no que se refere ao perfil das pessoas e, em seguida, ocupe-se da complexidade do sistema. É possível abordar essa questão reduzindo a dificuldade das tarefas em si ou diminuindo a complexidade apresentada aos colaboradores. Neste último caso, uma das saídas é desmembrar uma atribuição em tarefas menores e delegá-las a funcionários especializados. Vejamos o caso de um hospital: um profissional ocupa-se de medir a pressão arterial do paciente, outro aplica a anestesia e um terceiro realiza a cirurgia. O sistema como um todo é complicado, mas cada funcionário desempenha apenas uma parte dele.

Certamente, em modelos em que os clientes passam de um especialista para outro, existe um certo risco. Se sua empresa optar por este caminho, aumenta a necessidade de sistemas que facilitem uma comunicação perfeita entre as pessoas e as tarefas. O setor de tecnologia da informação desempenha um papel especial ao capturar a informação em uma "central", à qual todos os integrantes da equipe tenham acesso. O LSQ Funding Group usou essa abordagem, com resultados impactantes.

Preparado para abordar a complexidade do sistema? Sugerimos começar com os complicadores que menos afetam a experiência do cliente. Procure meios de reduzir as 55 variações de drinques à disposição dos consumidores, já que essa imensa variedade por si só não torna a experiência mais aprazível. Trata-se de um tipo de complicação operacional que classificamos como uma operação de alta complexidade, mas com pouca capacidade de agregar valor (figura 3-3).

Depois de se livrar desse tipo de complicador, você pode se dedicar à complexidade que de fato melhora a experiência do cliente. Trata-se de uma mudança bem mais difícil. A aceitação por parte das equipes envolvidas talvez se revele árdua,

FIGURA 3-3

Como desmontar a complexidade de um sistema

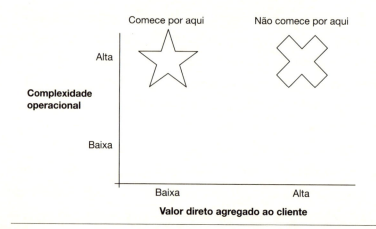

e será preciso fazer alguns esforços para que os clientes não sejam de alguma forma prejudicados ao longo desse processo. O objetivo deve ser mudar para o quadrante inferior direito da figura 3-3. Mas como reduzir a complexidade sem comprometer a qualidade do atendimento?

Em uma rede de restaurantes de *fast food* que estudamos, o imenso número de opções no cardápio constituía um obstáculo para que os funcionários desempenhassem um serviço consistente e eficiente – além de elevar os custos e tornar confusa a mensagem de marketing do estabelecimento. Quando os franqueados da rede se reuniram no encontro anual, todos concordaram que a simplificação do cardápio era prioridade. Quando as pessoas se debruçaram sobre a tarefa, porém, não conseguiram chegar a um acordo quanto aos itens a ser retirados. Todas as sobremesas e todos os pratos contavam com pelo menos um ardoroso defensor, que defendia que aquele item específico representava uma oportunidade de ganho. Enquanto isso, a lista gigantesca de opções continuava afetando os resultados da rede.

Como solucionar a questão? A empresa reconheceu a incapacidade de chegar a um consenso e designou um comitê formado por profissionais de destaque para a tarefa de enxugar o cardápio. Vale ressaltar que a organização não se esquivou de solucionar uma questão desafiadora – uma vez feita a opção pelo avanço, é preciso agir. A complexidade operacional constitui um desafio real para a maioria das empresas, mas ganha especial dimensão no caso de organizações preocupadas em oferecer um serviço de qualidade superior. Trata-se do tipo de desafio em geral difícil de ser identificado por quem está envolvido pelo sistema, mesmo quando afeta a capacidade de desempenhar um bom atendimento.

ASPECTOS IMPORTANTES

✓ O objetivo de uma empresa voltada para a prestação de serviços excelentes deve ser a conquista de resultados extraordinários contando com uma equipe de nível médio.

✓ Muitas empresas criam cargos e atribuições para funcionários que não possuem – para uma equipe recheada de supercolaboradores, quando, na verdade, dispõem de um time heterogêneo de profissionais, em termos de talento e iniciativa. Tenha isso em mente na hora de elaborar seu modelo de negócios.

✓ Uma gestão de funcionários bem-sucedida conta com quatro elementos essenciais: seleção, treinamento, definição de tarefas e gestão de desempenho. Esses componentes precisam ter consistência interna e consonância com o resto do modelo de atuação. Não existe seleção boa ou ruim, mas sim um processo coerente ou não com o sistema de gestão de funcionários (que, por sua vez, precisa estar em harmonia com os demais aspectos do modelo de serviço).

✓ As soluções de tecnologia da informação podem favorecer ou prejudicar a produtividade das pessoas, às vezes de maneira intensa. As ferramentas de TI que funcionam bem são sensíveis à experiência dos funcionários, incluindo a forma e o momento de inserir os dados em uma tarefa específica. As melhores soluções são desenvolvidas em conjunto com o trabalho, e não aplicadas como "remendo" depois que o modelo de tarefas e atribuições já estiver em andamento.

✓ Em geral, os funcionários médios de empresas prestadoras de serviço estão sobrecarregados devido à complexidade crescente de sua função. Quando uma empresa identifica descompasso entre a complexidade operacional e o perfil do funcionário, tem duas opções: mudar as pessoas ou alterar as atribuições. Em outras palavras: 1) modificar os critérios e práticas de seleção e treinamento; ou 2) redefinir as tarefas para que possam ser executadas pela equipe que já atua na empresa.

Capítulo 4

Verdade número 4:
É preciso administrar
os clientes

Um cliente que chega ao balcão do McDonald's e não consegue decidir seu pedido torna o atendimento da famosa lanchonete *fast food* menos rápido para todos os que estão na fila. Passageiros que bloqueiam os corredores do avião na hora de se acomodar atrasam a decolagem e, por consequência, a hora prevista para o pouso. Se o cliente de uma consultoria descreve as necessidades de sua empresa em termos pouco precisos, compromete o valor das recomendações que receberá. Quem chega atrasado para ocupar uma mesa reservada prejudica sua própria experiência e a de outros clientes do restaurante.

Dedicamos bastante tempo ao estudo do papel exercido pelos clientes na relação com os prestadores de serviço, fenômeno conhecido como *cliente-operador*. Quando um cliente demora cinco minutos para pedir uma porção de batatas fritas, não está apenas no papel de receptor passivo do conhecimento e dos esforços de sua empresa, mas também desempenha papel ativo na experiência da compra. Em outras palavras, os fregueses não se limitam a consumir um serviço, mas fazem parte da criação dele. E nem sempre atuam de maneira positiva.

A postura dos clientes pode elevar os custos e reduzir a qualidade de qualquer serviço prestado, em geral sem mínimo aviso do que estão prestes a fazer e sem demonstrar o menor arrependimento. Às vezes, a ação dos clientes até ajuda a melhorar custos e qualidade (vamos falar disso mais adiante) – mas isso é exceção, e não regra. Considerando essa dinâmica, vale perguntar por que esse papel tão relevante é atribuído a alguns clientes, e a outros não – quem adquire uma televisão da Sony, afinal, não influencia nem o custo de fabricação nem a qualidade objetiva do aparelho comprado. A resposta é: na maioria dos casos, não há opção para quem escolheu trabalhar no setor de prestação de serviços. Não é possível atuar como cabeleireiro sem contar com clientes que procurem seu salão em busca de melhor aparência, assim como não dá para dar aulas se não houver alunos dispostos a receber esse conhecimento. Sendo assim, o que esperar dos consumidores?

Clientes (ou melhor, seus desmotivados, destreinados e malpagos funcionários)

Eis um modo de pensar essa questão: quando se está à frente de uma empresa que presta serviços, seus clientes "trabalham" para você de maneira comparável a seus colaboradores. Só que não estamos falando de funcionários médios, mas sim de pessoas erráticas, não qualificadas para exercer sua função e que, a princípio, "estão sempre com a razão". Em geral, elas têm interesses diferentes dos seus. Funcionários seguem um acordo firmado com a empresa, regido por um contrato, ao contrário do que acontece com os clientes. Estes estão sempre em busca do melhor negócio, o que faz todo sentido e é um direito que lhes cabe.

Em compensação, os clientes-operadores não exigem salário nem benefícios trabalhistas, e só aparecem quando precisam. Eles também têm uma vaga ideia de suas preferências e peculiaridades individuais, algo que seus funcionários jamais saberão, mesmo que você gaste uma fortuna em pesquisas de mercado. Esses fatores sugerem que pode ser muito interessante estimular os clientes a exercer um papel mais ativo na hora em que a empresa presta o serviço que vai lhes atender as necessidades.

Até há pouco tempo, muitos executivos viam uma clara distinção entre produtores e consumidores de bens e serviços – ou seja, entre os funcionários que estão em sua folha de pagamento, submissos a sua gestão, e os clientes, senhores dos próprios atos e dos quais sua empresa depende para sobreviver. Atualmente, no entanto, um número crescente de organizações busca cada vez mais atribuir papel produtivo aos clientes, a fim de reduzir custos e/ou melhorar os serviços. A proliferação dos sistemas *self-service* constitui o exemplo mais visível.

Para gerir os clientes em um papel operacional, uma empresa precisa adotar novas estratégias, uma vez que não é possível confiar nos mesmos sistemas de gestão de funcionários. Os clientes não dependem de sua empresa para pagar a contas. Também não assinaram nenhum contrato que os obriga a obedecer determinadas regras e expectativas em troca de um valor mensal definido. Por isso, incentivos que podem funcionar para estimular colaboradores (como plano de carreira e recompensas financeiras) não surtem efeito quando se trata da relação com clientes. Estes também não estão sujeitos a criteriosos processos de seleção ou de treinamento (ninguém é recrutado ou treinado para ser cliente). Com grande frequência, o prestador de serviço precisa lidar com quem aparece, independentemente de seu nível de preparo técnico ou de sua postura profissional. Como se não bastasse, clientes são numerosos e, em geral, na maioria das empresas, formam um contingente bem maior do que o composto pelos empregados da casa.

Para complicar um pouco mais, além de diferirem muito dos funcionários, os clientes também apresentam distinções significativas entre si. Essa diversidade aumenta dramaticamente a heterogeneidade introduzida no "chão de fábrica" da produção de um serviço. A variedade dos elementos (materiais, tempo de processamento, habilidade do operador) é o maior vilão em um ambiente produtivo, além de funcionar como barreira para o crucial objetivo de 100% de aproveitamento da capacidade. No entanto, os gestores de serviço enfrentam o tempo todo a variabilidade, na forma de clientes-operadores que sempre são *um pouco diferentes* daqueles atendidos anteriormente – mais lentos, mais ágeis, mais exigentes, mais apressados, enfim, com maior ou menor preparo para exercer o papel de consumidor. Tudo isso basta para enlouquecer um gestor – ou então, pelo menos, para reduzir suas margens de lucro e impedir que a prestação do serviço saia da mediocridade.

Aqui vai a mensagem central: se você atua no setor de prestação de serviços, essencialmente não conhece as pessoas que formam a "sua equipe" e não sabe quando elas vão aparecer nem o que farão quando chegarem. Por isso, você precisa de planejamento para administrar todas essas incertezas.

Como gerenciar o caos dos clientes

Em outras palavras, a variedade de fatores é uma realidade quando lidamos com clientes-operadores. Mas há formas diferentes para essa mesma realidade:

- *Horários de demanda:* Os clientes não solicitam seus serviços ao mesmo tempo ou no horário mais conveniente para você. Mercados, por exemplo, costumam lotar no fim da tarde e início da noite, enquanto às 8h há filas imensas no Dunkin' Donuts.

- *Demanda:* Nem todo mundo pede a mesma coisa. Cada cliente de uma agência de publicidade adota uma estratégia de marketing específica. Da mesma forma, diferentes hóspedes esperam desfrutar de experiências distintas oferecidas num resort. Até os clientes de uma organização simples, como a rede automotiva norte-americana Jiffy Lube, mostram uma diversidade de preferências por fabricantes e marcas de carro.

- *Aptidões:* Clientes têm conhecimentos, habilidades físicas e recursos distintos, o que significa que alguns demonstram mais facilidade na hora de desempenhar determinadas tarefas, enquanto outros precisam de orientação. No contexto da saúde, o paciente capaz de descrever claramente seus sintomas tende a afetar direta e positivamente a qualidade do atendimento. De modo similar, a habilidade para lidar com a burocracia médica também pode ter grande valia.

- *Esforço:* Clientes-operadores têm o poder de decisão quanto ao esforço que investirão em suas tarefas. Pouquíssimos clientes de supermercados se preocupam em devolver o carrinho de compra ao lugar adequado. Quando uma empresa contrata auditores independentes, dificilmente lhes disponibiliza os materiais informativos perfeitamente organizados.

- *Preferência:* Clientes que desejam o mesmo serviço às vezes têm concepções diferentes a respeito de qualidade. Em um restaurante, por exemplo, um cliente pode gostar que o garçom o chame pelo nome, enquanto outro considera essa atitude inoportuna. O atendimento por um sócio graduado de um escritório de advocacia dá a medida da importância dedicada ao caso na visão de alguns clientes, ao passo que outros talvez preferissem lidar com um advogado menos renomado e com honorários mais em conta. As preferências subjetivas acrescentam um fator multiplicador a todas a outras formas de variabilidade dos clientes.

Saber quais são as preferências subjetivas comuns da clientela ajuda a lidar melhor com as diferenças. Administrar os vários níveis de esforço (em geral, por meio de incentivos), por exemplo, pode ser bem diferente de gerir as diferenças de aptidão, em geral por meio de iniciativas de treinamento de clientes.

Basicamente, dada a impossibilidade de eliminar o caos produzido pelos clientes, há duas maneiras de gerenciar o problema: reduzir o caos ou acomodar o caos (figura 4-1). A redução tende a favorecer a eficiência, enquanto a acomodação em geral privilegia o atendimento prestado, o que mantém as duas abordagens em constante tensão. Limitar as opções de seus

FIGURA 4-1

Como solucionar o *trade-off* entre eficiência e bom atendimento

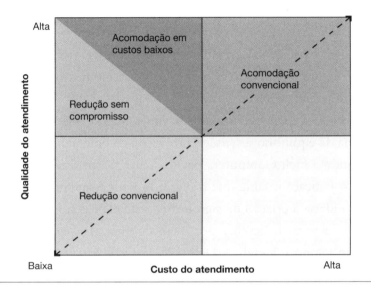

clientes significa uma vitória para você, mas uma perda para os clientes, que podem, por exemplo, desejar ardentemente algum item fora do cardápio ou buscar seu serviço em horários inusitados. Já a acomodação, por outro lado, em geral envolve manter o sistema e privilegiar a manutenção de uma equipe experiente, capaz de solucionar o caos que os clientes costumam gerar. Mas trata-se de uma abordagem onerosa, muitas vezes financiada por um valor extra repassado ao cliente – tática que nem todas as empresas podem arriscar.

Mas a variação apresentada pelos clientes nem sempre obriga a empresa a optar entre oferecer bom atendimento ou manter custos baixos. O sistema *self-service*, por exemplo, é uma acomodação na condição de baixo custo que pode funcionar na hora de combinar fatores de convergência de horários e demanda por variedade, uma vez que deixa que o cliente tome decisões com base em suas preferências, e no ritmo que ele considera adequado. O estabelecimento, assim, delega ao consumidor uma parte complicada do trabalho, eliminando a necessidade de manter e organizar um quadro amplo (e caro) de funcionários. No desempenho dessa parte da tarefa, o cliente dedica um volume preciso de esforço, no momento exato em que toma uma decisão de compra.

Pedir que os clientes arregacem as mangas não é a única forma de equilibrar a tensão entre custos e bom atendimento. Quando a Dell Computers passou a atuar com servidores de alta sofisticação, sabia que o mercado para esse equipamento demandaria a criação de significativas demandas novas, que a empresa teria de acolher por meio de uma assistência técnica em tempo integral. A Dell teve de escolher entre destruir suas margens de lucro com a criação de uma infraestrutura de serviço cara e subutilizada ou ficar atrás dos concorrentes que contassem com operações mais eficientes. A empresa apostou em uma solução criativa: a terceirização do serviço para um fornecedor responsável pelo atendimento em regime de 24 horas. Assim, a Dell reduziu sua exposição à variabilidade do cliente simplesmente transferindo a tarefa para uma empresa com mais preparo para lidar com o desafio. A mudança criou polêmica. Curiosamente, a Dell tomou a peculiar decisão de terceirizar o serviço para seus *concorrentes*. E por quê? Porque a estratégia permitia oferecer excelência sem o ônus da variabilidade – uma vantagem que compensava os riscos de eventual perda de clientes.

Existem outros aspectos relacionados à questão da variabilidade, mas o que queremos ressaltar aqui é bastante simples: os consumidores podem causar danos às operações de sua empresa. Por isso, sempre ficamos com o pé atrás quando ouvimos que "os clientes têm sempre razão" ou que o segredo para a excelência está em apenas em agradar aos clientes. O bom desempenho não se sustenta colocando-se os consumidores em um pedestal e desgastando-se para atender a todos os desejos deles.[1] Para criar um sistema que tenha a excelência como norma, é preciso gerenciar os clientes com a mesma atenção dedicada ao quadro de funcionários.

O caso do Shouldice Hospital

Na década de 1980, nosso colega da Harvard Business School, Jim Heskett, realizou um famoso estudo sobre o Shouldice Hospital, instituição canadense especializada em cirurgia de hérnia e criadora de um modelo exemplar de atendimento em colaboração com seus clientes – no caso, os pacientes.[2] O atendimento excepcional que o hospital presta não está comprovado apenas por resultados estatísticos, mas também pela fidelidade dos pacientes (a experiência do Shouldice é tão positiva que alguns pedem para ficar internados alguns dias a mais). A "complicação" mais comum dos procedimentos cirúrgicos ali realizados são as leves queimaduras de sol que os pacientes apresentam depois de caminhar pelo gramado do hospital.

As sementes do modelo apresentado pela instituição foram plantadas em 1932, quando o médico Earle Shouldice realizou uma cirurgia de apêndice em uma garota de sete anos de idade que se recusava a ficar de repouso durante o período de recuperação. Apesar da atividade constante, a pequena paciente se recuperou no prazo esperado. Quatro anos depois, quando o doutor Shouldice fez cirurgia de hérnia em quatro homens adultos, permitiu que os pacientes deixassem a cama já nos primeiros dias da recuperação. Os quatro também se recuperaram rapidamente, o que fortaleceu a crença do médico de que a *ambulação precoce* constituía uma parte importante do processo de cura – ou seja, movimentar o corpo fazia bem aos recém-operados. O problema, claro, estava em convencer os pacientes a fazer sua parte.

Shouldice partiu dessas experiências para desenvolver uma nova metodologia de tratamento de pacientes com problemas de hérnia, integrando a ambulação precoce com uma técnica cirúrgica inovadora, uma estrutura específica e um sistema de recuperação bastante peculiar. O protocolo se baseava sobretudo no trabalho em equipe e dedicava especial atenção à seleção dos pacientes. Os doentes que Shouldice concordava em tratar eram aqueles que se propunham a participar ativamente do tratamento e beneficiar-se com ele – ou seja, pessoas com quadro de saúde estável, dentro do peso adequado e dispostas a abraçar a proposta de "erguer-se e se movimentar".

Depois de um tempo, a abordagem desenvolvida pelo médico foi adotada por outras instituições. Hoje, o Shouldice Hospital "gerencia" seus pacientes desde o início, enviando-lhes um cartão de confirmação que detalha as exigências (como o limite de peso), além dos protocolos específicos da instituição.

Para os pacientes que estão um pouco acima do peso quando procuram o hospital, o Shouldice determina um programa de emagrecimento. Só são aceitos para internação aqueles que cumprirem a meta de perda de peso no período previsto. A admissão da pessoa ao hospital representa apenas o início do trabalho. Todas as tardes, na véspera de suas respectivas cirurgias, cerca de 30 novos pacientes chegam à clínica. Enquanto se submetem aos exames pré-operatórios, eles conhecem e convivem com outros integrantes do grupo, momento em que começam a perceber que não são meros "receptores de cuidados", mas, sim, ativos integrantes de uma comunidade especial do Shouldice, com um papel importante a desempenhar.

Às 5 da tarde, as enfermeiras fazem uma orientação formal sobre o que esperar, quais os medicamentos a serem administrados, a necessidade de se movimentar no período pós--operatório e a rotina de recuperação baseada na ambulação precoce. Em seguida, os pacientes jantam juntos, em um salão com cem lugares. Às 9 da noite, os pacientes que serão operados no dia seguinte conversam com outros que se submeteram ao procedimento naquele dia. O encontro permite a transmissão de informações entre os recém-operados e aqueles que se preparam para a cirurgia, sem a intervenção de funcionários da instituição – a não ser a presença de alguns atendentes servindo biscoitos. Depois da orientação e da sessão de troca de experiências, é hora de ir para a cama.

Na manhã seguinte, durante a realização da cirurgia, os pacientes em geral são mantidos conscientes, conversando com os médicos. Quando termina o procedimento, o cirurgião estende a mão e convida o paciente para levantar da mesa de cirurgia e caminhar até a sala de recuperação. Segundo dados do hospital, 99% dos pacientes fazem esse trajeto pós-cirúrgico, que, além de estimular a circulação sanguínea, proporciona um impulso psíquico favorável ao processo de restabelecimento.

A partir desse momento, a equipe do hospital estimula os pacientes a dar início à prática suave de exercícios. No Shouldice, os quartos não dispõem de comadres, aparelhos de televisão ou telefones, uma vez que a expectativa é que os pacientes se movimentem e percorram a área de cerca de 4 mil metros quadrados, divirtam-se com jogos de salão, enfrentem as escadas especialmente projetadas e convivam com os demais internos. Às 9 da noite do dia da operação, caminham até o salão para saborear chá com biscoitos e conversar com os pacientes que se internaram naquela tarde. Na quarta manhã, estão prontos para a alta – mas muitos não querem deixar o hospital.

Setenta anos após a inauguração, o Shouldice Hospital realiza cerca de 7.500 cirurgias por ano. Nos mais de 300 mil procedimentos já realizados pela instituição, o índice de recorrência é de 1% (em hospitais que utilizam métodos mais convencionais, a média chega a 6%).

O Shouldice é um lugar especial. O hospital atinge resultados maravilhosos porque induz os pacientes a assumirem um papel ativo não somente no próprio processo de cura, mas também na recuperação dos demais internos. Para conseguir isso, o Shouldice se vale basicamente dos mesmos elementos essenciais que destacamos em nossa discussão sobre os sistemas de gestão de funcionários: seleção, treinamento, definição de atribuições e gestão de desempenho – só que, desta vez, voltados para a relação com o cliente.

Sistema de gestão de clientes

Ao montar um sistema de gestão de clientes, propomos algumas das estratégias já apontadas quando abordamos a gestão de funcionários.

Seleção de clientes

Ao se especializar em um procedimento específico voltado para determinado tipo de paciente, o Shouldice cria um ambiente de trabalho altamente previsível, formado apenas por "clientes" de baixo risco e alto nível de retorno – o sonho de qualquer cirurgião. O sistema não se manteria se as portas do hospital estivessem abertas a todos os pacientes, indistintamente. Em um contexto sem restrições, a instituição não funcionaria com o mesmo nível de precisão. Homens saudáveis, por exemplo, em geral demandam o mesmo tipo de corte cirúrgico e um procedimento com tempo de duração bastante parecido. A introdução da variabilidade entre os pacientes que se submetem à cirurgia desencadeia mudanças no ambiente que afetarão outros fatores: quando alguns pacientes demandam mais tempo, a programação precisa ser remanejada para dar conta desse atraso, gerando o adiamento de novas internações. Além disso, alguns médicos têm de permanecer mais tempo no hospital, e talvez não haja como dar orientação adequada para todos os pacientes. Uma política de "portas abertas" também impediria o hospital de fazer exigências aos pacientes.

Nesse contexto, o Shouldice parece menos com uma empresa em busca de clientes e mais com uma universidade de elite, com rígido programa de seleção que permite a entrada somente dos candidatos mais preparados. Para essas escolas, além do prestígio de estar entre as "que podem escolher" e da maior probabilidade de que os novatos ampliem a riqueza do conhecimento coletivo, também é bem mais eficiente se concentrar em um microuniverso de estudantes em harmonia com o que a instituição oferece. A grande diferença nos níveis de competência é um dos elementos que tornam a educação pública de larga escala tão cara e complexa. A Stanford University e o Massachusetts Institute of Technology não precisam alocar recursos para programas de recuperação de aprendizado.

Para a maioria das empresas, "selecionar" clientes equivale a confirmar a validade do cartão de crédito, sem nenhuma preocupação com o perfil operacional – mas é exatamente esse aspecto que várias organizações deveriam observar. A Progressive Insurance é tão seletiva quanto o Shouldice Hospital (ou a Stanford University ou o MIT) na hora de escolher com quem fará negócios. Basta lembrar do sistema de comparação de orçamentos apresentado no capítulo 2. Quando a seguradora faz uma cotação de apólice de seguro de um carro, apenas na metade dos casos apresenta o preço mais baixo do mercado. Com essa prática, os clientes que a empresa não deseja (aqueles preocupados com o preço, mas que também tendem a se comportar mal na estrada) correm para os concorrentes mais baratos. Os clientes de perfil desejado ficam com a Progressive. É claro que a empresa disfarça essa política de seleção na forma de um serviço agregador de valor, do tipo "economize tempo e obtenha vários orçamentos de uma vez!".

Pense em todos os recursos que você direcionou para a contratação de bons funcionários: entrevista, consulta de antecedentes, busca de referências, avaliações da capacidade técnica, testes para aferir a motivação e a adequação à cultura da empresa. Agora, pense na energia dedicada a encontrar os clientes ideais. Na maioria dos estabelecimentos, essa comparação não é possível, ainda que a postura dos consumidores possa afetar sua operação tanto quanto o desempenho de seus funcionários. Os clientes podem desempenhar papel crucial nas suas condições de prestar um serviço de qualidade a custos sustentáveis. E, quanto maior suas expectativas em relação ao "cliente-operador", maior o tempo que precisará dedicar para a busca de consumidores com o perfil correto.

Treinamento de clientes

Até mesmo os clientes mais adequados muitas vezes precisam de treinamento para desempenhar seu papel de forma eficiente. Às vezes, isso faz parte da proposta de valor. Os alunos de um curso de ioga querem obter perfeição nas posturas, o que permite atingir um nível mais elevado e obter mais benefícios com a experiência. O mesmo vale no caso do Shouldice, onde os pacientes se mostram desejosos de aprender o que for possível para acelerar seu restabelecimento e se manter saudáveis após a alta.

Mas, com frequência, o treinamento tem de ser disfarçado para se tornar palatável aos clientes. No caso dos cafés Starbucks, os consumidores não percebem que estão sendo treinados, embora essa medida seja parte central do modelo de negócios da rede. Ao pedir seu café, você se incomoda de dizer para o atendente que quer apenas um *tall* (alto)? Pois a Starbucks descobriu há muito tempo que os clientes adoram descrever detalhadamente o que desejam ("Você pode preparar um café com leite desnatado em vez de integral? Por favor, tem de estar bem quente. Pode ser uma xícara média..."), confundindo os funcionários e afetando a velocidade do atendimento.

A solução encontrada foi treinar os clientes a fazer os pedidos de outra maneira. Nos Estados Unidos, o processo começa com a distribuição de um livreto bastante útil, que os clientes levam para casa e podem estudar à vontade. Ali, aprenderão o que é um café latte, um espresso e um mocha, e saberão exatamente o que pedir na próxima ida a um Starbucks. Além disso, o cliente recebe a informação de que não tem nenhum problema se errar no pedido, pois os atendentes do outro lado do balcão estão ali para ajudar na escolha, em qualquer momento (figura 4-2).

O livreto tem ainda outra função, que é a de colocar ordem na essência da estratégia de treinamento da rede: um programa de influência subliminar que consiste em repetir os pedidos no "jargão" da Starbucks. Ao solicitar um café latte pequeno com duas doses de espresso e leite desnatado em vez de integral, o cliente ouve o atendente "corrigir" delicadamente o pedido: "O senhor deseja um café latte duplo light?"

A pergunta de "confirmação" ensina a maneira certa de fazer o pedido, e a aula vale para todos os que estão na fila. E,

---

FIGURA 4-2

Starbucks – Treinamento de clientes

COMO FAZER SEU PEDIDO

Não precisa ficar preocupado ao fazer seu pedido

Na Starbucks, não existe uma maneira "certa" de pedir: basta dizer o que deseja e providenciamos para você. Porém, se pedimos a confirmação e apresentamos o seu pedido de uma forma diferente da que você expressou, não se trata de uma correção – estamos apenas traduzindo seu desejo para o "idioma dos baristas", forma padrão usada pelos atendentes para identificar o que o cliente quer. Essa linguagem proporciona aos nossos funcionários a informação necessária na especificação correta, o que permite preparar sua bebida mais rapidamente e com maior eficácia.

1. Recipiente

A primeira coisa que o atendente precisa saber é qual o tipo de recipiente que você deseja. Se você não especificar, sua bebida será acondicionada em um copo convencional, com o logotipo da rede. Mas existem outras opções, como a embalagem para viagem ou as xícaras personalizadas.

2. Tamanho e intensidade

Você quer um descafeinado ou um espresso superforte? Um café *tall* (350 ml) é preparado com uma dose de espresso; o grande (470 ml) com duas, e o *venti* (591 ml) com duas ou três doses.

Leite e outros atributos

O cliente pode especificar qual o leite de sua preferência, além de informar se prefere um preparo mais "espumante" ou "superquente".

Finalmente, o café

Não esqueça da parte mais importante! Você quer um café latte, um mocha ou algo totalmente diferente?

Fonte : *From make it your drink: a guide to Starbucks beverages* (Seattle, StarbucksPress, 2003).

o que é mais importante, todos os demais presentes aprendem como *não* fazer um pedido, o que, para a maioria dos seres humanos, é um forte incentivo para absorver o vocabulário correto daquele ambiente. Para aqueles clientes orgulhosos que se recusam a seguir o figurino (sim, sempre haverá rebeldes do gênero), resta uma ponta de satisfação por desafiar a Entidade Corporativa. Ou seja, no final, todos saem satisfeitos.

Gostamos do exemplo da Starbucks porque ele ressalta os atributos de uma experiência eficiente de treinamento de clientes: rápida, fácil e agradável, para não dizer divertida. O programa de treinamento de sua empresa precisa parecer simpático aos olhos dos consumidores, em geral pouco tolerantes ao menor desconforto – portanto, esqueça desde já aquela sua fantasia secreta de, um dia, ser como o cara da "sopa do nazista", o icônico personagem da série de TV *Seinfeld* que tratava a clientela na linha dura, aos berros. Em geral, clientes não estão dispostos a abrir mão de sua dignidade para obter um serviço, a menos que a sopa seja realmente excepcional. Nesse sentido, o seguinte diálogo de *Seinfeld* é considerado exemplarmente absurdo:

ELAINE: Por quê? O que acontece se você não fizer o pedido corretamente?

JERRY: Ele berra com você, e você fica sem sopa.

ELAINE: O quê?

JERRY: É só fazer tudo certinho, aí não tem problema.

GEORGE: Está certo, está certo. Me explica de novo.

JERRY: Muito bem. Quando entrar, vá logo para o lado direito.

ELAINE: O quê?

JERRY: O principal é não atrapalhar a fila.

GEORGE: Certo. Aí, você dá o dinheiro, fala qual sopa deseja de um jeito bem objetivo, passa para a esquerda e pega a sopa.

JERRY: Isso mesmo. É muito importante não florear seu pedido. Nada de comentários, perguntas, saudações…

ELAINE: Meu Deus, não acredito nisso![3]

A maioria das empresa não pode se dar o luxo de destratar seus clientes, ou confundi-la. Os fabricantes de brinquedos testam esse limite o tempo todo, por meio de manuais de instrução complicadíssimos para montar… um triciclo. Não se trata de uma estratégia que preze a longevidade, no entanto pode ser adequada para um setor com alta rotatividade de clientes (quantos triciclos uma pessoa compra ao longo da vida?) No caso da grande maioria das organizações, porém, é essencial que os clientes repitam a compra, e por isso a confusão só prejudica os negócios.

Quando uma empresa do setor de telecomunicações apresentou ao mercado seu serviço de internet, promoveu o grandioso lançamento de um sistema de autoinstalação previamente testado por seus funcionários. A organização enviava discos com um conjunto de instruções que considerava perfeitamente claras, e por isso surpreendeu-se ao descobrir que os consumidores interpretavam o procedimento passo a passo de diversas maneiras diferentes. As interpretações variavam muito, dependendo do tipo de computador usado pelo cliente. O serviço de atendimento ao consumidor da empresa não demorou para entrar em colapso. A frustração dos clientes chegou ao ápice e não houve saída a não ser recriar o modelo de instalação, desta vez oferecendo suporte técnico para os clientes.

Definição do papel do cliente

Quase todos os dias, os gestores cometem o mesmo erro dessa empresa de telecomunicações: partem da premissa de que os clientes têm as mesmas habilidades técnicas de seus funcionários. Algumas empresas delegam uma carga operacional ainda maior para os clientes, em relação a seus funcionários. Como mostramos no capítulo 2, observamos esse fenômeno com frequência nos sistemas *self-service*, nos quais clientes sem preparo específico se veem diante da necessidade de desempenhar a mesma função atribuída até então a um funcionário treinado (novamente, basta lembrar da expressão de ansiedade dos clientes na fila do caixa *self-service* de um supermercado). É o contrário do que acontece com um viajante que ganha autonomia para fazer seu *check-in* em um terminal automatizado da companhia aérea.

Quando uma empresa cogita atribuir mais tarefas aos clientes, costumamos alertar: "Pense no terminal da empresa aérea e não no caixa *self-service* do supermercado" – ou seja, *pense muito bem* no que você vai pedir para seus consumidores fazerem. O LSQ Funding Group adotou essa filosofia quando estendeu seu sistema intuitivo de tecnologia da informação aos clientes, que agora tinham como acessar os dados necessários diretamente dos servidores da empresa, da forma precisa que o LSQ precisava para avaliar a informação com velocidade. A transferência dessa tarefa para os clientes ajuda a reduzir o tempo de processamento no setor financeiro, uma etapa crucial da proposta de valor da empresa. A medida também expõe os consumidores a informações que ficariam inacessíveis se adotados os métodos convencionais, como o histórico de crédito e o padrão de pagamento de seus próprios clientes. Esses são os elementos usados pelo LSQ para avaliar pedidos de financiamento, mas a maioria dos clientes jamais vê esses dados (tudo o que a maioria em geral sabe é se está sendo paga ou não). Os dados ajudam os clientes do LSQ a melhorar a gestão de seus riscos de pagamento.

Em consequência, o modelo de autosserviço do LSQ é mais conveniente do que uma proposta de *self-service* completo, mas só funciona porque o sistema é de fácil compreensão e uso – e por causa do convincente incentivo embutido no sistema de gestão de clientes: quanto mais rápido e com maior precisão um cliente-operador da empresa insere seus dados, menor o tempo para receber seu dinheiro.

O site de compras eBay radicaliza a figura do cliente--operador, colocando-o no papel central dentro de um ambiente varejista tradicional, constituído de tarefas como anunciar o que será comercializado, informar os dados e o preço do produto, fechar o pedido e providenciar a remessa. Muitas das funções de atendimento ao comprador são realizadas por outros clientes, como os fóruns de usuários, por meio dos quais vendedores experientes solucionam as dúvidas de quem acabou de chegar. Até o controle de qualidade é terceirizado para os clientes por meio de um elaborado sistema de *feedback*. Com centenas de milhões de usuários, o vultoso número de clientes-operadores constitui um dos desafios peculiares do eBay, mas a empresa acertou ao adotar um software de transação altamente intuitivo e ao desenvolver uma interface simples e de uso agradável. As tarefas são objetivas, mesmo para um cliente que coleciona antigas xícaras de porcelana e se sente intimidado pelas novidades da tecnologia. E, para quem enfrenta dificuldades, o sistema oferece lembretes atenciosos, que sinalizam o procedimento correto em todas as etapas do processo. Chamamos essa abordagem de "inovação com empatia".

Magazine Luiza: reconhecimento dos mais pobres

O Magazine Luiza é uma imensa rede varejista brasileira (a terceira maior do país), que tem obtido sucesso ao desafiar a crença convencional sobre o potencial dos clientes.[a] O sucesso da empresa está associado ao sistema de gestão desenvolvido para um público-alvo específico: consumidores pobres, sem conta em banco e, em geral, com baixo grau de instrução. Para que o modelo desse certo, sobretudo nas regiões rurais, a empresa teve de encontrar novas maneiras de treinar, desenvolver e gerenciar seus clientes – e de ajudá-os a satisfazer várias de suas necessidades peculiares.

Não estamos falando de um desafio simples. Os manuais de orientação, no caso, não tinham qualquer utilidade. Poucos clientes possuíam experiência com crédito, algo muito problemático para uma loja cujo elemento central era a venda de aparelhos domésticos. E, como muitos dos clientes do Magazine Luiza vivem em áreas de baixa densidade demográfica, não fazia sentido que as lojas mantivessem estoques muito grandes.

Mas a rede varejista apostou na excelência. A solução veio sobre dois pilares: uma loja virtual livre de sofisticações combinada com um programa de orientação criado para levar os clientes a uma realidade de varejo de maneira bastante prática. A loja virtual, com custos 15% inferiores ao de uma loja convencional, não exibia nenhum produto, mas contava com seis a oito "balcões de atendimento". Concluída a transação, a empresa garantia a entrega do produto em 48 horas.

Nas lojas virtuais, os "vendedores" atuavam em proximidade com os clientes, deixando-os confortáveis ao apreciar um produto *online* e a ideia de comprar a crédito. Os funcionários atuavam como orientadores no processo de compra, explicando aos consumidores até a "estranha" prática de começar a consumir algo que ainda não foi totalmente pago – ideia aparentemente absurda para os compradores de baixa renda. Porém, ela constitui a porta de entrada para outras modalidades financeiras, como os empréstimos pessoais e as apólices de seguro, que o Magazine Luiza também começou a oferecer após fechar parceria com um banco. Esses serviços estavam fora do alcance de maioria dos clientes até o ingresso da rede varejista nesse setor.

Dada a pouca familiaridade dos potenciais compradores com a leitura, nas lojas virtuais a ênfase está nas imagens e no sistema de perguntas e respostas. Cada oferta pode ser visualizada em pelo menos dez imagens diferentes, e a partir de quase todos os ângulos possíveis (inclusive a parte de baixo). Depois desse treinamento para a identificação dos produtos e das opções específicas de crédito, os clientes-operadores estão aptos a percorrer a loja virtual e lidar com as ferramentas de autoatendimento. Para esses clientes, comprar uma geladeira ou uma televisão pela internet é uma façanha inédita.

De todas a vendas da empresa, 80% são feitas a crédito, em condições bem mais generosas do que as oferecidas por outros varejistas brasileiros – e bem mais condizentes com a realidade do que as propostas pelas operadoras de cartões de crédito. Os termos variam de acordo com a ocupação de cada cliente, considerando tanto aspectos sazonais (por exemplo, pessoas que trabalham na construção civil) como fontes informais de renda.

O acordo de crédito exige que o consumidor se dirija a uma loja todos os meses para efetuar o pagamento das parcelas. Qual o resultado? O Magazine Luiza desfruta da fidelidade dos clientes e de uma taxa de inadimplência 50% menor do que a média dos concorrentes no país.

O Magazine Luiza também se esforça para deixar seus clientes-operadores à vontade no ambiente de venda. Com o objetivo de fortalecer o envolvimento, o comprometimento e o senso de pertencimento, muitas vezes as lojas se transformam em centros comunitários. Nelas, os clientes constituem o foco das iniciativas de treinamento da rede.

Os frequentadores das lojas têm acesso gratuito à internet e a oportunidade de fazer cursos que variam do uso de computadores a aulas de culinária ou de inglês. Também podem acessar sua conta bancária e pagar algumas contas.

Essa amplitude de oferta resume a estratégia particular da empresa, que combina porções de empatia com o cliente e inovação em uma estrutura de custos sustentável – uma receita para o sucesso excepcional. Sob a liderança da presidente da empresa, Luiza Helena Trajano, o que começou como pequena loja no interior do Brasil ganhou novas dimensões e hoje constitui uma cadeia varejista com mais de 200 unidades e 6 mil funcionários. Com milhares de produtos em oferta, nos últimos anos a empresa apresentou um retorno de 35% sobre o capital investido.

O Magazine Luiza está gerindo seus clientes-operadores de maneira sem precedentes, capaz de criar uma abertura econômica rumo à excelência. A alternativa para a loja virtual é não ter loja alguma, uma vez que o sistema de varejo tradicional não opera nos locais onde vivem os consumidores. A empresa demoliu os obstáculos ao consumo das classes mais pobres, até então excluídas do mercado de eletrodomésticos e de serviços financeiros.

a. Material adaptado da matéria "Courting the poor, a retailer rises to nr. 3 in Brazil," de Todd Benson, publicada no *New York Times* em 14 de julho de 2004; e do estudo "Magazine Luiza: building a retail model of 'courting the poor'", de Frances Frei e Ricardo Reisen de Pinho, caso 9–606-048, Harvard Business School, 2005.

A inovação sem empatia raramente surte resultados desse tipo, sobretudo quando se trata da relação com clientes-operadores. A tecnologia permite ampliar de forma expressiva o papel operacional dos clientes, mas isso não gera necessariamente resultados melhores, como muitas instituições financeiras aprenderam (da maneira mais dura) na década de 1990. Conforme os bancos de varejo ampliaram o número de canais de baixo custo para que os clientes se autoatendessem (sistemas de reconhecimento de voz, caixas eletrônicos e possibilidade de realizar operações pela internet), sem querer acabaram prejudicando suas margens. Isso aconteceu porque os clientes não necessariamente migraram para as soluções de custo mais baixo – em vez disso, muitos aumentaram o número de transações, ainda se dirigindo ao caixa para fazer depósitos, mas sacando dinheiro em caixas automáticos e consultando o extrato pelo *homebanking*. Em alguns casos, essas ferramentas permitiam que os clientes acompanhassem suas finanças com mais detalhes, o que os levava a *aumentar* a demanda pelos serviços bancários convencionais (e caros).[4]

Aqui entra a ironia: esses bancos estavam tentando economizar dinheiro com as ferramentas *online*, mas acabaram criando um modelo que gerava mais custos. Ficou mais caro atender aos mesmos clientes, e isso não era sustentável. Se seu objetivo é a excelência na prestação de serviços, sugerimos adotar uma abordagem oposta.

A definição do papel dos clientes, em especial em um contexto de autoatendimento, funciona melhor quando o primeiro passo é dado no sentido de aumentar a qualidade da experiência de serviço, de torná-la mais conveniente, mais personalizada (ou seja qual for o atributo que gera valor no seu modelo de negócio). Em seguida, avalie os custos. Foi isso o que o LSQ fez: os clientes podiam adiantar o processo de liberação dos recursos se fizessem um pouco de esforço, medida que também gerava economia de tempo e de dinheiro para a empresa.

Gestão do desempenho do cliente

Os clientes-operadores, bem como os funcionários de uma organização, não podem ser deixados à própria sorte. Pessoas sem escrúpulos que tentam vender artigos falsificados ou proceder atividades fraudulentas constituem a maior preocupação do eBay. Assim, em vez de sair em busca de clientes, o varejista *online* desenvolveu um cuidadoso sistema de supervisão, baseado sobretudo nas avaliações feitas por outros clientes.

Muitas vezes, as empresas tentam estimular a cooperação dos clientes por meio da oferta de descontos e de multas por atraso, em geral com resultados frustrantes. O modelo de negócios adotado pela rede de locação de DVDs dependia muito da atuação dos clientes, o que significava que João ou Maria tinham de deixar o conforto de seus lares para garantir que um título de alta demanda voltasse para a prateleira a tempo de garantir a rapidez de circulação. Trata-se de uma árdua batalha, uma vez que os estudos mostram que métodos como a cobrança de multas por atraso na entrega, na verdade, transmitem aos clientes uma ideia de compensação: "Tudo bem, eu atrasei mas estou pagando por isso". E muitos concluem que essa é uma troca bastante justa.

A Netflix conseguiu superar os problemas com clientes que tanto atormentaram a Blockbuster. E fez isso criando um modelo de serviço totalmente novo, com ofertas, protocolos e incentivos inéditos. No centro do modelo estava a atuação de um cliente-operador que precisava de pouca persuasão ou convencimento. O cliente pagava uma taxa mensal para garantir o acesso a uma quantidade definida de DVDs e, assim que devolvia um, a empresa automaticamente enviava outro, mantendo a quantidade em circulação combinada no contrato. Não era possível obter um título novo sem devolver o último recebido, o que obrigava os clientes a fazer suas devoluções. Mais tarde, a empresa passaria a operar com sistema de *downloads*, o que exige um um controle bem mais simples.

Ao recorrer à inovação do modelo de negócio para eliminar uma etapa problemática para a Blockbuster, a Netflix basicamente "desonerou" os clientes-operadores. Em vez de precisar se deslocar até uma loja da rede em data e horário predefinidos (o que todos acham bem chato), tudo o que era preciso fazer era consultar a caixa de entrada de e-mails, o que é bem mais fácil. Mas, e se essa saída não for possível para a sua empresa? Os psicólogos não consideram uma boa ideia impingir sanções aos clientes que não cumprem acordos. Em vez disso, sugerem a adoção do que chamam de métodos normativos: o uso da vergonha, da culpa e do orgulho para estimular o comportamento esperado. Esta abordagem parece bem mais eficiente no que se refere aos clientes, mas em geral é mais difícil de ser desenvolvida e gerenciada.

Escala de valores

A Zipcar, empresa norte-americana de compartilhamento de veículos, funciona em um mundo no qual a participação do cliente – no caso, abastecendo, lavando e devolvendo o veículo no prazo previsto, para permitir o uso por outro cliente – é essencial. Muitos estudiosos afirmaram que esses modelos de serviço desafiadores restringem a atuação de uma empresa a nichos de mercado, que no caso da Zipcar se resumiria um reduzido grupo de consumidores "ecologicamente responsáveis", concentrados sobretudo no nordeste dos Estados Unidos.

Os estudiosos, porém, estavam errados. Dez anos após seu lançamento, a Zipcar é a maior empresa de compartilhamento de veículos do mundo. Segundo dados da própria organização, conta com mais de meio milhão de consumidores em 28 estados dos Estados Unidos e do Canadá, em um momento em que a expansão pela Europa ganha força. A oferta pública de ações da empresa (IPO), realizada em 2011, rendeu quase US$ 175 milhões, superando em muito as projeções.

Quer saber como funciona? Mediante o pagamento de uma taxa anual, os "assinantes" (chamados de "zipsters") recebem um cartão com um chip *wireless*, que permite acessar o sistema e reservar um veículo pela internet, com antecedência de meses ou de poucos minutos. A Zipcar informa o local onde o cliente deve retirar o veículo reservado, em geral em estacionamentos da própria empresa. Mediante a validação do cartão em um *transponder* instalado no para-brisa, as portas do carro se abrem. Basta pegar as chaves, guardadas no interior do veículo, e sair dirigindo. O próximo passo consiste em devolver o carro lavado e com o tanque cheio em local e horário pré--acordados.

É aqui que começa o problema. O site da Zipcar define como "um acontecimento desagradável" quando os *zipsters* não cumprem sua parte e não devolvem o veículo no prazo esperado. Mas "acontecimento desagradável", nesse caso, é eufemismo. O modelo de serviço da empresa não conta com a estrutura de uma Hertz ou de uma Avis, cujas lojas acomodam dezenas de carros, incluindo alguns veículos que funcionam como "reserva". A Zipcar utiliza um sistema de serviços no qual um único e específico carro fica à espera de um usuário específico, em local e horário determinados. Não há funcionários para abastecer, lavar e aspirar o veículo, ou mesmo para se certificar de que o tipo de carro solicitado de fato está à espera do cliente na vaga 29B. O sistema da Zipcar depende totalmente do cumprimento das regras atribuídas ao cliente-operador. Em geral, o serviço é utilizado por usuários que ocupam o carro por uma ou duas horas apenas, em geral para a realização de tarefas com horário definido. Por isso, ter de chegar em uma hora a uma entrevista de trabalho do outro lado da cidade e se ver em um estacionamento diante de uma vaga vazia (onde, em teoria, deveria estar o veículo reservado) é bem mais do que "desagradável".[5]

A Zipcar cobra multa de US$ 50 por hora de atraso na entrega, mas, novamente, a medida tende a compensar a culpa pelo mau comportamento. O método normativo mais eficiente está em criar um ambiente que induz o cliente-operador a considerar as consequências de sua falha para a vida dos outros. Felizmente para a Zipcar, a postura "socialmente correta" e os valores da marca são condizentes com o perfil do público-alvo da empresa. Assim, além das multas, a Zipcar se esforça para lembrar as pessoas que elas fazem parte de uma comunidade com obrigações claras em relação aos demais usuários, que são *iguais a você*. Em vez de comprar o serviço de um grupo de capitalistas frios e calculistas, os consumidores pensam nos líderes da Zipcar como "pessoas idealistas" e "agentes da mudança".[6] A empresa também promove eventos sociais regulares para aproximar os integrantes da comunidade, sempre em um ambiente agradável e propício para estimular as conexões humanas. É bem mais fácil sabotar os projetos de uma pessoa anônima do que prejudicar aquele colega *zipster* que você encontrou um tempo atrás.

É nesse aspecto que a cultura organizacional revela sua força. Como vamos abordar no capítulo 5, a cultura faz uma diferença imensa no desempenho dos funcionários – mas também pode afetar os clientes, sobretudo aqueles altamente envolvidos nas operações das empresas prestadoras de serviços. Por isso, a cultura constitui um fator de igual importância na equação do serviço excepcional:

Excelência no serviço = definição das atribuições X cultura

A Zipcar usa a cultura para ajudar na gestão dos clientes ao dar máxima visibilidade possível a seus valores e ao envolver cada interação com os clientes com a ideia de "estamos todos juntos nessa", tão essencial para o funcionamento de seu modelo de negócios. O Magazine Luiza fez a mesma escolha. A ambição e o entusiasmo que a empresa cultiva nos colaboradores contagia os clientes, o que em parte torna o modelo tão atraente para consumidores marginalizados, os quais até então jamais haviam experimentado algum tipo de reconhecimento por parte das demais instituições.

A crença essencial do Shouldice Hospital – de que a recuperação dos pacientes deve ser rápida, ativa e decorrente do esforço comum – garante o embasamento cultural para a experiência dos internos. Tenha isso em mente quando começar a diagnosticar e a fortalecer a cultura de sua empresa: os colaboradores não são seu único alvo. Ao atribuir aos clientes um papel operacional, você também os convida para tomarem contato com a visão de mundo predominante em sua organização.

ESTUDO DE CASO

Como os clientes da BBBK ajudam a eliminar os problemas

Afirmar que os clientes-operadores são essenciais para a proposta de valor da Bugs Burger Bug Killers é quase um eufemismo ingênuo. Prometer a garantia plena da eliminação das pragas urbanas? Não faria sentido sem contar com clientes dispostos a fazer sua parte para que seus restaurantes, hotéis e residências se tornem totalmente inóspitos para as indesejáveis criaturas.

Para poder oferecer um serviço acima do esperado, a BBBK precisava que seus clientes não se limitassem a fazer sua parte, mas também se dedicassem a cumprir os árduos procedimentos do rigoroso protocolo "antipragas" da empresa. Para isso, a BBBK removeu todos os obstáculos: antes mesmo da primeira visita técnica, os clientes precisam concordar por escrito em promover um rígido controle do ambiente. Se houver recusa, não há atendimento, o que funciona como uma eficiente ferramenta de seleção de clientes. Em seguida, a empresa desenvolve um plano de ação específico para cada cliente, que em geral inclui aumentar a frequência das faxinas periódicas, melhorar o acondicionamento do lixo, ou fazer reparos (às vezes caros) na estrutura do local e em áreas próximas. Caso o cliente não coopere, há uma multa; se a falta de cooperação continuar, o atendimento é dado por encerrado. Como o próprio Bugs já declarou mais de uma vez, "não queremos prestar serviço para clientes assim".

O treinamento dos clientes constitui uma parte central das atribuições dos técnicos da empresa. Os funcionários da BBBK gastavam todo o tempo necessário com os clientes para se certificar de que o protocolo e o plano de ação tinham sido totalmente compreendidos. As primeiras visitas ao local destinavam-se tanto a orientar os clientes como a tratar as instalações. Um momento típico de aprendizado do cliente, em geral, era assim: uma equipe da BBBK reunia todo o lixo que encontrava e o juntava no meio do ambiente, encimado por uma placa. Só depois começava o processo de "treinamento real". Ao se aproximar da placa, o cliente encontrava a mensagem "Por favor, aceite minhas desculpas pela bagunça que fizemos. Tive de fazer uma escolha entre dois caminhos: deixar as coisas como estavam, em desordem e tomadas pela sujeira, fornecendo farta fonte de alimento para as baratas e os ratos que já invadiram este espaço, ou eliminar a 'área de alimentação'. Escolhi a segunda alternativa, porque sei que você não quer perder as garantias e voltar a enfrentar nova infestação de baratas e roedores".[a]

As exigências que a BBBK fazia para seus clientes-operadores era inédita no setor de eliminação de pragas urbanas – e também em outros setores que estudamos, pelo menos nesse grau de exigência. O jornal *Washington Post* assim registrou a intervenção da BBBK em um cliente: "Preparar-se para a chegada do técnico da empresa era quase como esperar a visita de uma sogra que, com certeza, vai achar algo fora de ordem. O período pós-visita também é extenuante, com três pessoas ocupadas durante cinco horas em limpar os resíduos de pesticida e em colocar as coisas de volta no lugar".[b]

Para muitos clientes, o processo da BBBK também envolvia a dedicação de várias horas à fase da faxina inicial, que em alguns casos se estendia por dias.

Só que não havia outro caminho para a excelência, pois ficou claro que os clientes que realmente desejavam o melhor não se incomodavam em cumprir bem a parte que lhes cabia.

a. O conteúdo sobre a BBBK foi extraído do estudo de William E. Fulmer, "Bugs Burger BugKillers, Inc. (A)", caso 9–694-018 (utilizado pela Harvard Business School com a autorização do autor). Entre as fontes consultadas por Fulmer estão o artigo de Tom Richman "Getting the bugs out", publicado na *Inc.* em junho de 1984; o estudo de Annette Kornblum "Bugs Burger", publicado na *Pest Control* em novembro de 1980; e o texto de Joan Livingston "Absolutely guaranteed", publicado na *Nation's Business* em novembro de 1987. Todos os dados foram extraídos destes estudos.

b. Matéria da Annette Kornblum, "Of mice, men and roaches: Bugs Burger's philosophy", publicada no *Washington Post* em 5 de julho de 1981.

Na prática

Gostamos de pensar na gestão de clientes como uma sucessão de fases. Em primeiro lugar, é preciso assumir o controle. Há que se descobrir como os consumidores exercem influência sobre os custos e a qualidade de seu serviço atualmente, para em seguida direcioná-los para um rumo melhor. De acordo com nossa experiência, quase todas as prestadoras de serviço podem obter ganhos com alguma versão desse tipo de exercício, nem que seja apenas para dar mais clareza e confiança a suas diretrizes. Até as crenças mais básicas podem se revelar drasticamente equivocadas quando se trata de avaliar o comportamento do cliente-operador.

A fase seguinte consiste em envolver de fato o consumidor, mas de uma forma direcionada. Faça com que seus clientes o ajudem a melhorar os atuais processos, por exemplo, ou insira a participação deles nas equipes de desenvolvimento quando começar a pensar na criação de um serviço novo. Esta é uma etapa de avanços lentos, formada pelos primeiros passos experimentais rumo ao aproveitamento do valor operacional de sua base de clientes. Comece a diluir as fronteiras entre os funcionários e os clientes.

É na etapa final que os clientes passam a ocupar uma posição central nos serviços prestados por sua empresa (lembre-se do exemplo da eBay). Trata-se de um momento de imenso potencial – mas também com alguns riscos importantes.

Vejamos cada uma dessas três etapas com mais detalhes.

Fase 1: Assuma o controle

Você conta com várias maneiras de medir (e aperfeiçoar) a eficiência na gestão dos funcionários: utilização de recursos, rotatividade, sistemas de avaliação e índice de progresso. Mas como saber a quantas anda sua gestão de clientes-operadores? Como saber que a definição de atribuições ou as estratégias gerenciais estão gerando os comportamentos que você deseja? Ou, ainda, o comportamento que você estimula é o mais adequado?

Em alguns casos, é possível confiar nos instintos ou reunir *feedbacks* informais para ter uma ideia da situação. O First Union Bank, antes de tudo, concluiu que a fraca adesão aos canais de autoatendimento refletia um baixo nível de consciência por parte dos clientes (talvez eles nem sequer soubessem quais tarefas poderiam executar nos caixas eletrônicos, por exemplo). Por isso, a instituição resolveu contratar orientadores encarregados de direcionar aos terminais de autoatendimento todos os clientes que entravam nas agências. A iniciativa não deu certo, uma vez que os correntistas do First Union, por uma série de motivos, preferiam ir até os caixas – e as tentativas da empresa de convencê-los a mudar esse costume causaram descontentamento geral. O resultado foi tão negativo que o *Philadelphia Inquirer* publicou diversas matérias sobre a precariedade do atendimento do banco, com destaque para a declaração de correntistas como Steven Fischer, que se disse ofendido: "[O banco] me marginalizou. Eles insultaram a minha inteligência".[7]

As caras de reprovação dos clientes do First Union bastavam para revelar que as premissas da instituição estavam erradas. Mas, em geral, a verdade não está na superfície a ponto de ser percebida apenas pelo uso da intuição e, para começar a descobri-la, é preciso colocar as próprias crenças em dúvida. Os bancos partiram da premissa de que, como os canais *online* apresentavam um custo operacional inferior, os clientes poderiam adotá-los de maneira a resultar numa redução de gastos. Era uma lógica tão coerente que ninguém se preocupou em testá-la.

A parte mais dolorosa da história é que promover tais testes não era nada complicado. Os dados importantes já estavam coletados e a análise não apresentava complicações. A parte difícil era posicionar as certezas nas cabeças dos gestores como hipóteses que exigiam confirmação – de resto, algo difícil de fazer na maioria das organizações. E, por alguma razão, isso vale de forma especial quando se trata do comportamento dos clientes. Correndo o risco de parecermos melodramáticas, somos capazes de sugerir que existe um excesso de confiança endêmico nas prestadoras de serviço quando se trata de avaliar o comportamento operacional dos clientes. Felizmente, o tratamento é barato e eficiente: basta organizar o que você acredita que acontece. Especifique as eventuais conclusões às quais você chegou quanto ao impacto exercido pelos clientes sobre suas operações, e em seguida confronte-as com os dados que provavelmente já possui.

Fase 2: Envolva seus clientes

Dentro dos limites das possibilidades, sugerimos a maneira menos arriscada e mais simples de fazer com que seus clientes cooperem com sua operação: envolva-os em seu processo de aperfeiçoamento. Para isso, buscamos inspiração no mundo da indústria. Um dos vários fatores que distinguem o famoso sistema de produção da Toyota é a *andon cord*, uma corda estendida em frente dos operários, ao longo de toda a linha de montagem. Sempre que identifica um problema, o trabalhador deve puxar a corda, que acende várias luzes e libera um som musical. Na hora, um superior se aproxima para verificar o que foi identificado e, até que o gerente volte a puxar a corda, toda a linha de produção fica interrompida para a solução do problema. Mais tarde, o funcionário que viu a falha é homenageado, na crença de que detectar um problema hoje equivale a criar uma oportunidade de melhora para o futuro.[8]

No mundo dos clientes-operadores, podemos fazer uma analogia entre o acionamento da corda na linha de montagem e as queixas dos consumidores. Estudamos o conteúdo de cartas e e-mails de reclamação, elementos que constituem uma fascinante visão de como as empresas gerenciam seus clientes (e se os consideram um ativo operacional). Uma resposta genérica transmite uma mensagem clara, assim como um retorno cuidadoso e detalhado do responsável pela empresa. Já a ausência de contato (prática famosa em diversos setores) transmite uma mensagem bem diferente.

A maioria das empresas tenta compensar o cliente e reduzir as chances de que ele espalhe comentários negativos sobre a organização. Uma equipe de atendimento se incumbe de apresentar as desculpas formais e oferecer algo gratuitamente em troca do "silêncio" do cliente – e, em geral, o processo termina aqui. Mas trata-se de uma oportunidade perdida. Ao tratar as reclamações como mero momento de reparação do serviço, as empresas perdem oportunidades de melhora que se acumulam nas caixas de entrada de e-mail e nos servidores. Os fatores que dificultam tanto a gestão dos clientes-operadores (a quantidade e a diversidade) também fazem deles um incrível recurso para refinar o modelo de serviço. Peça a seus colaboradores da linha de frente que deixem que essas cartas e chamadas com reclamações cheguem até você, mesmo que por apenas uma semana ou duas. O que você consegue ver nessas mensagens? Quais as oportunidades sistemáticas de promover melhorias?

Fase 3: Percorra todo o caminho

Apesar das complexidades de gerenciar os clientes-operadores, as empresas ficam intrigadas com a ideia. Hoje, muitas delas querem atribuir aos consumidores um papel mais signficativo em suas operações, e algumas estão prontas para dar esse passo. Se esse for o seu caso, vale a pena levar em consideração algumas observações.

Em 2009, Scott Cook, presidente da Intuit, escreveu um ótimo artigo chamado "A revolução da contribuição: deixe que os voluntários toquem o seu negócio".[9] A sacada de Cook foi propor a ideia de um fórum de apoio *online* entre empresas de software e de hardware. A maioria das pessoas têm uma inclinação natural para ajudar os outros e, quando você lida com a quantidade de coisas que podem dar errado ao se instalar um roteador, as chances de encontrar uma solução sobem incrivelmente quando se recorre ao conhecimento coletivo de milhares de usuários, em vez de confiar apenas nos seus funcionários remunerados.

O executivo desafiou os leitores a dar o próximo passo, envolvendo os clientes em todo tipo de funções. Seus exemplos são ótimos e anunciam um admirável mundo novo, no qual todos os tipos de empresas pensam de maneira criativa em como aproveitar o talento e os esforços de seus clientes. A *Wikipedia* é um exemplo clássico. A enciclopédia *online* dependeu quase totalmente de colaboradores voluntários para formar um conjunto de conhecimento que, na opinião de alguns especialistas, tem quase a mesma precisão da *Encyclopedia Britannica*, com a vantagem de abranger uma variedade bem maior de assuntos. No entanto, empresas "analógicas" também estão adotando a ideia. O Hyatt Hotels and Resorts oferece um serviço de atendimento *online* que disponibiliza informações e permite aos usuários o acesso a dicas de viagem postadas por outros hóspedes. A Procter & Gamble mantém um site chamado BeingGirl.com, um espaço para que as adolescentes partilhem dúvidas e experiências no que se refere a produtos de higiene feminina. A empresa explica que, como ferramenta de marketing, o BeingGirl.com é quatro vezes mais eficiente no aspecto financeiro do que a publicidade na televisão.

Como já revelamos, concordamos totalmente com a proposta de Cook: pode haver imensas vantagens quando os clientes ajudam a empresa a criar um valor que eles mesmos vão consumir. Um dos motivos para envolver o consumidor consiste em fortalecer a ideia de propriedade, que leva a um nível de envolvimento e energia benéfico a todos. A intensa lealdade dos usuários do eBay torna a experiência melhor para todos, uma vez que esses vendedores *habitués* propiciam o crescimento da empresa ao mesmo tempo em que protegem a cultura e os padrões da comunidade. No entanto, se você pretende convidar seus clientes para se sentarem à mesa, precisa saber como lidar com eles.

A Threadless é uma loja de roupas que se notabilizou ao incluir clientes no processo de criação.[10] Os clientes foram convidados a votar nas propostas de camiseta apresentadas por outros usuários, e o padrões mais votados foram produzidos e colocados à venda. A ideia surtiu ótimos resultados ao reduzir os custos com pesquisa e desenvolvimento e com sobras de estoque, já que os padrões colocados à venda estavam em total sintonia com o gosto dos compradores. O problema começou quando a Threadless cogitou a possibilidade de participar de uma fusão, o que enlouqueceu seus consumidores. Nesse caso, o senso de propriedade se traduziu em uma reivindicação em participar da estratégia da empresa. No final, a empresa desistiu da operação, em parte porque não queria afastar sua clientela.

Quando os consumidores respondem por um controle operacional significativo, o nível de investimento pode surpreender. O eBay experimentou essa tensão quando decidiu fazer algo ingênuo – mudar as cores das estrelas que aparecem no quadro de *feedback* do site – e os usuários promoveram uma rebelião. A gerente que propusera a mudança era relativamente nova e jamais pensou em submeter uma alteração tão básica à aprovação dos clientes.

Ode aos clientes-operadores

Não importa se você está atribuindo aos clientes um papel de destaque em suas operações ou se não tem alternativa a não ser consultá-los – na essência, nossa mensagem é a mesma. No caminho rumo à excelência, todas as empresas precisam alterar o comportamento dos clientes em algum momento. Certos casos requerem uma mudança grande, outros nem tanto, mas todo atendimento de qualidade enfrenta esse desafio. Quando você se encontrar nesse momento de inflexão, terá duas escolhas possíveis: fazer com que seus clientes mudem de postura e passem a odiar a sua empresa ("digite um para falar com o setor de vendas, dois para o setor financeiro...") ou fazer com que mudem de postura e passem a gostar *ainda mais* de você. As empresas de sucesso apostam na segunda alternativa.

ASPECTOS IMPORTANTES

✓ Os consumidores de serviços não se limitam a comprar um serviço, mas também participam da criação dele. Entre outras coisas, tornam o atendimento mais rápido ou mais lento, melhor ou pior, mais caro ou mais barato – tanto para eles mesmos quanto para os demais clientes. São geradores (e também difamadores) ativos dos valores que eles mesmos vão consumir.

✓ As escolhas do freguês de um restaurante tipo bufê, por exemplo, afetam a qualidade de sua refeição, da mesma forma que os pacientes que faltam a uma consulta marcada na clínica dentária elevam os custos de toda a operação. Quando os consumidores influem sobre uma experiência de serviço dessa maneira são chamados de *clientes--operadores*.

✓ Os clientes podem desfrutar de um envolvimento operacional maior ou menor, dependendo do setor e das escolhas – por exemplo, o grau de iniciativa *self-service* permitido no modelo e se a empresa envolve ou não os consumidores em seus esforços pela melhoria dos serviços.

✓ Quanto maior a dependência de sua empresa em relação ao comportamento dos clientes-operadores, maior a importância de gerenciá-los com habilidade. Da mesma forma como ocorre com a gestão de funcionários, os quatro componentes de um sistema de gestão de clientes são a seleção, o treinamento, a definição de atribuições e a gestão do desempenho.

✓ Nem todos os clientes-operadores são iguais. Quando comparados, alguns se revelam mais rápidos, mais lentos, mais hábeis, mais exigentes, mais precoces ou com maior ou menor preparo para exercer papéis operacionais. Essa diversidade aumenta o custo e a complexidade de manter uma empresa de prestação de serviços.

✓ Admita que você não sabe com precisão como os clientes afetam suas operações ou qual a eficácia de seus esforços para gerenciá-los. Se tiver certezas, transforme-as em dúvidas e procure confirmação. Teste suas premissas. Felizmente, os dados necessários para isso em geral estão ao alcance das mãos.

Capítulo 5

A influência da cultura

Imagine-se percorrendo uma construção vazia. A disposição do local é intuitiva e cada cômodo naturalmente permite chegar a outro. Pode parecer estranho, mas você se sente seguro e até otimista. Senta-se em um banquinho que nem sequer havia notado até então, mas que parece instalado no lugar exato. E, mais uma vez, sente um impulso desconhecido, enquanto os ruídos de sua mente parecem ficar mais suaves. Essa é a *sensação* propiciada por um bom projeto.

Quando um modelo de serviço é concebido da forma correta, produz as mesmas sensações entre as pessoas que interagem com ele – energia, confiança, tranquilidade por se sentir respeitado como ser humano. Mas, como uma construção vazia, um modelo de serviço adequado ainda precisa do principal elemento que lhe dê vida em um nível funcional: as pessoas, ou, mais especificamente, a forma como as pessoas interagem nesse âmbito. Quando falamos de empresas, chamamos isso de *cultura*.

Uma prestadora de serviços de destaque precisa contar com esses dois elementos (o design dos serviços e a cultura que a rege). Ambos devem focar na mesma direção, rumo a resultados que você identificou como essenciais para o sucesso da empreitada. Vejamos de outra forma: se você trabalha em instalações maravilhosas mas seu chefe é um tirano, ou apenas indiferente às suas necessidades, o fato de o banquinho estar instalado no local perfeito nada significa. Toda aquela engenhosidade estrutural perde sentido em um ambiente no qual as diretrizes de relacionamento geram emoções opostas.

Igualdade nas alturas

Para visualizar o que estamos falando, vamos abordar novamente a nossa companhia aérea modelo: a Southwest Airlines. O segredo para o modelo de serviço da empresa é a rotatividade de embarque mais ágil do que a concorrência, o que permite aproveitar mais racionalmente a (cara) estrutura e cobrar menos para transportar as pessoas pelos ares. Abreviar o tempo de operação exige um nível altíssimo de colaboração entre os especialistas, as camadas hierárquicas e suas atribuições. Assim, a Southwest funciona com base na cooperação livre de egos. Ninguém é melhor do que ninguém, nem está isento de fazer o que deve ser feito. Todos são iguais – um *ethos* (grupo de características) que se estende aos passageiros, que até há pouco tempo não podiam trocar suas passagens por um lugar na classe executiva, se quisessem.

Entre as expressões mais visíveis dessa cultura igualitária está um fenômeno chamado "mobilização de atraso". Se um voo dura além do horário previsto, todos sofrem as consequências e, portanto, todos os funcionários se mobilizam para fazer o que precisa ser feito, sem precisar receber ordens.[1] É claro que essa medida faz sentido dentro do contexto das necessidades da companhia aérea, mas é em decisões menos transparentes que a consistência cultural da Southwest se destaca. A Southwest conta com mais funcionários sindicalizados do que as demais empresas, e, ainda assim, desfruta das melhores relações com os colaboradores. Por que isso não é contraditório? Porque os sindicatos adoram a empresa, que, ao contrário da concorrência, nunca promoveu uma demissão em massa. A Southwest não incha o quadro de funcionários nos tempos de bonança, prática comum no setor, e por isso não precisa fazer cortes drásticos quando as condições se complicam. Essa política foi criada para manter o bom relacionamento com os colaboradores, e é essa relação que permite à empresa incluir o compromisso com a mobilização de atraso no contrato de trabalho, além da frase "e tudo mais" em todas as descrições de tarefas. O funcionário se compromete a fazer o que for necessário, sem precisar alocar, por exemplo, um eletricista para trocar uma lâmpada queimada. Essa cadeia de *trade-offs* interligados (limite nas contratações para preservar a estabilidade no emprego em troca da flexibilidade nas atribuições dos funcionários) sustenta a rapidez de rotatividade, um dos segredos do sucesso da Southwest.

A lógica maluca da IDEO

A cultura talvez seja a mais importante parte invisível de uma organização. Assim como os fundamentos "subterrâneos" que sustentam uma empresa, é difícil avaliar o aspecto cultural. Mas uma forma de começar a fazer isso é observar a forma como ela se manifesta nos comportamentos e escolhas, subprodutos tangíveis da cultura. Em nenhum lugar essa observação é mais simples do que na IDEO, companhia dedicada ao design e à inovação.

A IDEO desenvolveu grandes ideias: do primeiro mouse da Apple até a imensa baleia eletrônica que protagonizou o filme *Free Willy*. A empresa ganhou ainda mais notoriedade quando o noticiário *Nightline*, da rede norte-americana ABC, encomendou um projeto inovador de um carrinho de mercado, a ser desenvolvido em apenas quatro dias. O resultado final incluía um leitor de código de barras, ganchos para pendurar sacolas e rodas mais adaptadas para circular em corredores estreitos, sem contar com o tradicional "cesto" central.

Sob o ponto de vista pedagógico, gostamos do exemplo da IDEO porque permite perceber e identificar o que a cultura da empresa tem de peculiar – e constatar porque ela exerce tanta importância.[2] A criatividade está no sangue da IDEO, e não há nada mais importante em seu modelo de negócios. Mas como a empresa cria um ambiente no qual a excelência criativa é um resultado sempre consistente? Certamente, a IDEO se baseia em um bom design de modelo de serviço – em específico, o sistema de gestão de funcionários. A empresa procura atributos bem claros na hora de recrutar e selecionar colaboradores: características que indicam a capacidade tanto de inovar como de inspirar a inovação nas demais pessoas. Mas o que permite que essa equipe apresente bons resultados dia após dia, ano após ano, é a cultura que a envolve. Ou seja, o design de serviço combinado com a cultura.

Os sinais dessa cultura podem parecer irritantes para a visão corporativa convencional. Na IDEO, não existem regras sobre como se vestir. Os funcionários montam suas estações de trabalho usando cubos plásticos. No meio das instalações situa-se uma instituição de respeito chamada "Tech Box", espécie de "biblioteca de objetos" (pedaços de fibras de polímeros, dobradiças curiosas, interruptores, um arco e flecha com roldanas…) que os colaboradores vasculham em busca de inspiração.

Mas o que existe de tão diferente no cotidiano da IDEO? As discussões para chegar a novas propostas formam parte essencial do processo da empresa e ocupam boa parte do dia. O processo é criado para estimular o surgimento de ideias incomuns e suspender os julgamentos até a etapa final. Outro objetivo é o de permitir às pessoas aproveitar as sugestões dadas pelos colegas sem se preocupar com quem é o dono da ideia. Promove-se apenas uma discussão de cada vez, garante-se que os mais tímidos também participem e maximiza-se a quantidade de ideias (que podem chegar a 150 propostas em menos de uma hora), em vez de se ater demais à qualidade já no começo do processo. No final da discussão, as propostas recusadas são arquivadas – só para garantir.

O lema da empresa é "objetiva, rápida e certa" – mas "certa", aqui, significa "adequada". Não existe pressão para que as pessoas "estejam certas" ou encontrem soluções rápidas, pois isso acabaria inibindo a livre expressão das ideias. "Errar faz parte da cultura", afirmou o fundador e presidente da empresa, David Kelley, à *Research Technology Management.* "Chamamos isso de tentativa e erro 'esclarecidos'".[3] Existem muitas falhas, mesmo em processos avançados, mas Kelley insiste nesse princípio, tanto em projetos equivocados de origem quanto naqueles que se encaixam no rumo certo desde o início.

A experiência da criatividade coletiva ganha mais intensidade durante o chamado "Deep Dive", quando a equipe passa um dia inteiro concentrada na geração de um grande número de conceitos criativos, eliminando as ideias fracas e elegendo as melhores propostas para a condição de protótipo. "Erre bastante para começar a acertar mais cedo" – tal filosofia, que pode parecer mera perda de tempo para quem está fora da empresa, constitui uma convicção da IDEO, assim como o trabalho duro. A motivação para dar conta de uma jornada de 60 horas semanais semanais vem do entusiasmo (ou, se preferir, da pressão) dos colegas. Não há lugar para gente desmotivada se esconder nas pequenas instalações da empresa, desprovidas de divisórias.

Tudo acontece dentro de equipes e hierarquia temporárias, uma vez que os times são formados para dar andamento a projetos específicos. Existem poucos (se é que existe algum) cargos ou funções permanentes. Os profissionais acomodam seus pertences em estantes portáteis, para facilitar o deslocamento entre um núcleo de projeto e outro. A liderança muitas vezes se baseia no envolvimento pessoal ou nas habilidades específicas, e não na posição hierárquica. A avaliação dos funcionários é feita por colegas (o avaliado escolhe seus avaliadores), e contribuições muito significativas são recompensadas com oportunidades de trabalhar em projetos mais importantes.

Mais uma vez, apontamos esses fatores porque eles são os componentes visíveis da cultura da IDEO. Constituem as expressões externas das normas e valores que regem a empresa – correr riscos, mover-se depressa, dar importância ao aspecto lúdico –, um fenômeno que Edgar Schein, estudioso do MIT, descreve como os "artefatos" e "valores conjugados" de uma empresa (nós chamamos de "comportamentos").[4] São todas as coisas que um observador externo pode considerar "diferentes" daquilo que vê fora da IDEO. Nada impede que outras empresas também possam abolir o uso de gravatas, empilhar um monte de peças soltas no meio da sala e afirmar que todas as ideias, inclusive as ruins, podem ser aproveitadas. Mas é claro que isso não serviria para muita coisa, a não ser, talvez, intrigar o visitantes.

O que faz com que isso funcione na IDEO (e também permite que a empresa tenha excelência em tudo o que cria), segundo Schein, são os chamados "pressupostos básicos comuns", que conjugam essas escolhas aparentemente estranhas. Se você quer mudar a cultura precisa por começar aqui, influenciando os padrões de pensamento que regem as atitudes de seus colaboradores.

Construção de blocos culturais

Há ótimos pesquisadores do comportamento corporativo à frente dos estudos mais recentes sobre cultura e psicologia humana. Não é o nosso caso. Recomendamos a leitura do livro *Hidden value: getting extraordinary results with ordinary people*, de Charles O'Reilly e Jeff Pfeffer,[5] além da pesquisa de Amy Edmondson sobre as empresas que criam segurança psicológica para os funcionários,[6] um dos estudos mais interessantes que já vimos nessa área, sem falar em uma série de outros que mereceriam entrar nessa lista.

Nosso ponto de partida é o aspecto operacional, e por isso adotamos uma abordagem bastante prática sobre tais temas. Queremos saber *como* uma cultura de excelência nos serviços pode ser construída e o que acontece de especial dentro das empresas que conseguem realizar esse valorizado objetivo. Um de nossos exemplos está na Ochsner Health System, de Baton Rouge. Quando perguntamos a Mitch Wasden, presidente da unidade, qual ele considerava o fator mais importante para as mudanças culturais ali ocorridas, ele falou da regra "5 por 10". Todos os funcionários são estimulados a fazer saudações visuais a qualquer pessoa situada a menos de 3 metros (10 pés) e a cumprimentar verbalmente quem estiver a menos de 1,5 metros (5 pés). Essa mudança aparentemente pequena exerceu uma diferença incrível no ambiente apressado da clínica, onde todos os profissionais têm tarefas importantes a cumprir rapidamente. Hoje, faz parte da rotina parar e identificar os aspectos humanos das pessoas ao redor (pacientes, colegas, o entregador de encomendas da UPS) seguindo uma regra simples porém poderosa: cumprimentar as pessoas.

Esse tipo de ferramenta prática voltada para a comunicação e o reforço da cultura aparece em todas as empresas que apresentam valor excepcional aos clientes. Em termos mais específicos, encontramos três padrões diferentes nesse relacionamento entre empresas e cultura, e todos revelavam altos níveis dos seguintes elementos:

- *Clareza:* tal tipo de empresa sabe exatamente qual cultura deseja construir, e como ela é essencial para chegar aos objetivos mais importantes

- *Eficiência na comunicação:* reafirmação constante dos valores essenciais da empresa, sobretudo em momentos nos quais as pessoas estão mais receptivas a essas mensagens, como no período de recrutamento e de treinamento

- *Coerência:* fortalecimento da cultura em cada etapa, com o pronto desencorajamento e eliminação das *posturas contrárias*, ou seja, dos desequilíbros entre a cultura desejada e a estratégia organizacional, a estrutura e as operações.

A Zappos, a bem-sucedida varejista *online* de sapatos, consegue se sair bem nos três aspectos. Vejamos como ela e outras organizações usaram esses fatores culturais para se transformar em excepcionais prestadores de serviços.

Clareza: rumo conhecido

O cliente da Zappos faz um pedido à meia-noite e recebe o produto em sua porta antes do café da manhã do dia seguinte. A empresa conta com a maior seleção de sapatos do planeta e não cobra nada caso o cliente resolva devolver a compra. Se o estoque não tiver o modelo ou o tamanho escolhidos pelos cliente, um dos funcionários do *call center* da empresa consulta três sites concorrentes para ajudar a localizar o produto desejado. Cerca de 75% do movimento da empresa vêm das compras repetidas, apesar de os preços praticados estarem longe de ser os mais baixos. (O preço é um aspecto no qual a Zappos fez uma escolha consciente em seu modelo voltado para a prestação de um serviço excepcional.)

Não é de surpreender, portanto, que gestores de outras empresas (entre elas, muitas consideradas exemplos de qualidade e de atendimento, como a Southwest e a Toyota) façam peregrinações regulares às instalações da Zappos a fim de aprender como a empresa atua. Todos querem saber o que acontece lá dentro. Uma olhada rápida revela que parte do sucesso está na estratégia de tecnologia da informação, que inclui um sistema de gestão de estoque em tempo real e com 99% de precisão (nas demais áreas do varejo, o índice de confiabilidade não passa dos 40%). Mas o que impressiona os visitantes são os sinais da verdadeira vantagem competitiva da Zappos: a cultura da casa – o que não surpreende ninguém que trabalha lá.

O campeão mais visível da cultura da Zappos, naturalmente, é o presidente da empresa, Tony Hsieh (pronuncia-se "Chei"). O líder tem uma clareza cristalina em relação à cultura que precisa construir para fazer sua empresa triunfar. Ele e sua equipe definiram os dez valores essenciais da organização:

1. Prestar um serviço impecável.

2. Aceitar e promover mudanças.

3. Agir de forma divertida e até estranha.

4. Ser ousado, criativo e manter a mente aberta.

5. Investir no crescimento e no aprendizado.

6. Manter uma abordagem aberta e honesta em relação à comunicação.

7. Construir uma equipe positiva e um espírito de família.

8. Fazer mais com menos.

9. Ser determinado e dedicado.

10. Agir com humildade.[7]

Hsieh encarna esses valores. É um sujeito dedicado, positivo, divertido e humilde – além de um pouco estranho. Apesar de líder de uma sofisticada empresa que vende calçados, usa o mesmo par de sapatos diariamente durante dois anos. Ao fim do período, o troca por um novo par do mesmíssimo modelo e cor. A definição de "estranho" no caso de Hsieh, no entanto, está mais próxima de "autêntico" ou "real". O executivo aposta que o "verdadeiro você" tem mais valor para a Zappos do que a versão segura e sem graça que costuma povoar os ambientes de trabalho. Por isso, prefere seguir em frente e ser um pouco estranho mesmo.

No início da carreira, Hsieh descobriu como a cultura importa para garantir a motivação e o desempenho dos funcionários. Ele vendeu uma empresa de software que havia fundado quando percebeu que não gostava de ir trabalhar lá todos os dias – e isso por causa da cultura. Hoje, Hsieh faz muitas coisas que podem vir de um líder esclarecido, como atender chamadas no *call center* em pleno feriado para dar folga aos funcionários e se manter próximo dos clientes.

Mas o que realmente diferencia Hsieh e sua equipe é a profunda consciência de que a cultura constitui o ativo mais importante da empresa. "O atendimento é um subproduto da cultura", garante o ex-diretor de finanças Alfred Lin, da mesma forma que a postura dos fornecedores e a rotatividade dos funcionários. Em 2005, quando o *call center* da empresa foi transferido da região próxima à baía de São Francisco para Las Vegas, cerca de 80% dos funcionários acompanharam a mudança – por um emprego que paga US$ 13 a hora. Em 2008, ano em que a rotatividade média das centrais de atendimento chegou a 150%, na Zappos o índice foi de 39 % (incluindo as mudanças decorrentes de promoções). Os gestores atribuem a lealdade a uma cultura que promove o entusiasmo, a dedicação e o aspecto humano dos colaboradores.

Mas não são apenas os executivos que pensam assim, pois a convicção de que a cultura é essencial está presente em outras hierarquias da Zappos. Ela é tão essencial para o sistema de crenças que a empresa publica o *Zappos Culture Book,* atualizado regularmente e que reúne centenas de comentários espontâneos escritos por funcionários *e fornecedores* da Zappos sobre a cultura da casa, sua importância e as formas como ela afeta as atribuições cotidianas. A ideia surgiu como manual de treinamento para novos colaboradores, mas o livro conquistou circulação bem mais ampla. A edição de 2009, com 348 páginas, constitui um tocante e intenso testemunho do poder do envolvimento (ou "felicidade", no idioma da casa) dos funcionários, bem como do papel da cultura em promovê-lo. Recomendamos uma olhada nesse material.

A seguir um trecho escrito por Abbie "Abster" M., funcionário que trabalhou na empresa durante pouco mais de três anos:

> *Para mim, a cultura da Zappos é algo que nunca conheci antes. É sempre divertido e inesperado, todos somos criativos e abertos a novidades, apaixonados e dedicados, mas, ainda sim, mantemos a humildade. Acredito que isso acontece porque a maioria já trabalhou em lugares com um ambiente terrível e valoriza a cultura da Zappos pelo que ela é. É o que me faz querer ir trabalhar todos os dias, até nos finais de semana.*
>
> *...Ouvi tantos relatos horríveis de colegas sobre os lugares em que trabalharam que me sinto privilegiado por fazer parte da família da Zappos. Não consigo imaginar minha vida sem a empresa e as pessoas incríveis que encontro lá.[8]*

Mas a declaração que mais nos comoveu foi a de Ryan A.: "No meu último emprego eu tinha medo de ser qualquer coisa: de estar certo ou errado, de ser mais esperto ou mais lento... Na Zappos, ser você mesmo é o melhor que você pode fazer".[9] Talvez a característica cultural que encontramos com mais frequência seja o medo improdutivo, o temor de fazer algo errado ou que cause má impressão. Se as empresas apenas cuidassem desse aspecto em seus ambientes, a criatividade e o envolvimento das pessoas teriam grandes chances de florescer. Os seres humanos não se sentem confortáveis na defensiva ou atemorizados.

Hsieh deu ao livro que escreveu sobre a formação da Zappos o título *Delivering happiness* (literalmente "entregando felicidade", publicado em português como *Satisfação garantida*[10]), mas ele e sua equipe não promovem a felicidade para consumo próprio. Assim como ocorre com a ligação que existe entre a IDEO e a criatividade, a Zappos percebeu que a satisfação dos funcionários, parceiros e clientes constituía um desafio imenso e era o caminho mais seguro para a excelência sustentável no setor em que a empresa queria atuar. Todos na Zappos, do presidente aos atendentes, identificaram a conexão entre a cultura da felicidade e o desempenho diário da empresa. Qual a analogia cultural possível no caso de sua empresa? Qual a sua versão de felicidade?

Cultura de escala da Publix

Uma concepção ardilosamente comum é que uma cultura de serviços forte é um luxo restrito apenas a organizações pequenas, livres das pressões por crescimento e rentabilidade que norteiam a existência das grandes empresas. O compromisso de atender bem, portanto, supostamente seria de quem está no mercado apenas para se divertir.

A Publix Super Markets desmonta essa imagem de modo exemplar. Empresa citada no ranking *Fortune* 500, é uma das maiores redes de supermercados dos Estados Unidos, com rendimentos anuais de cerca de US$ 25 bilhões. A empresa emprega mais de 150 mil funcionários, a grande maioria com baixa remuneração. E a dedicação ao atendimento – que levou o fundador da empresa, George Jenkins, a abrir a primeira loja em 1930 – está presente em todos os seus mais de mil pontos de venda. No ranking norte-americano de satisfação dos clientes, a Publix com frequência ocupa posição de destaque em relação a outros supermercados.

Mesmo na comparação com outros setores, o número de premiações da empresa impressiona: Customer's Choice Award (National Retail Federation Foundation), Top 10 Companies That Treat You Right (MSN Money-Zogby) e Top 25 Customer Service Champs (*Business Week*).

Como a organização conseguiu construir essa excepcional cultura de prestação de serviços? Um fator importante para adesão geral é a promessa da Publix:

> Nossa rede de supermercados não quer desapontar os clientes. Se, por alguma razão, você não se sentir totalmente satisfeito com suas compras, o valor pago será reembolsado imediatamente após o seu pedido.

Esse aviso está registrado em todos os lugares à vista dos funcionários – nas paredes das lojas e no verso do cartão de visitas de todos os profissionais, dos menos aos mais graduados. E a cuidadosa escolha de palavras (desde o uso das expressões "totalmente satisfeito" e "reembolsado imediatamente" até o compromisso de não "decepcionar os clientes") traduz com exatidão o que a empresa torna palpável a todos que entram no universo da Publix.

A garantia não corresponde a uma declaração de missão que vive e morre nas páginas dos relatórios anuais. Ela está presente e ativa, orientando os funcionários quanto ao comportamento esperado, mesmo em ocasiões que os coloquem (ou coloquem a empresa) em situação de confronto. Foi o que aconteceu com Jim Rhodes, que começou como responsável pelo açougue em uma das lojas e, 30 anos mais tarde, ocupa o cargo de vice-presidente de recursos humanos da Publix.[a] Uma vez, Rhodes recebeu um telefonema do presidente da empresa, incumbindo-o de atender a uma consumidora raivosa: uma pizza congelada da marca Publix havia estragado o forno dela. Rhodes estava de folga, mas abandonou o cortador de grama e dirigiu-se sem demora para a casa da cliente, onde encontrou um forno velho que aparentemente nunca havia passado por uma limpeza. A mulher se alimentava basicamente de pizzas, todas preparadas diretamente na grade do forno, sem o uso de assadeiras. Por conta do acúmulo de anos de resíduos carbonizados, um dia o forno pegou fogo. "Eu não entendia nada de atendimento ao cliente", lembra o funcionário. Naquele momento, porém, ele se lembrou da promessa da rede de oferecer satisfação completa, que passou a nortear sua tarefa.

Jim dirigiu-se até o mercado e buscou alguns produtos: duas pizzas, uma assadeira, espátulas de limpeza e vários potes de limpador de forno. Arregaçou as mangas e limpou o forno para a cliente.

A mesma filosofia induz os funcionários da Publix a levar as compras até o carro dos consumidores, entregar itens em domicílio quando o cliente está doente e *nunca desapontar* as pessoas. Essa cultura sobreviveu apesar do crescimento da marca e constitui um forte fator de propulsão para o sucesso da rede. Trata-se de um ativo valioso, cultivado por uma empresa ambiciosa.

a Esse relato foi incluído no livro de Joseph Carvin *A piece of the pie: the story of customer service at Publix* (Nashville, Favorite RecipesPress, 2005), ótima fonte para apresentar a cultura da casa aos novos colaboradores da Publix e partilhar seus valores com a comunidade.

Eficiência na comunicação

Quando fundou a JetBlue, David Neeleman ficou famoso por trabalhar na equipe de bordo de suas aeronaves pelo menos uma vez por mês.[11] Uniformizado, servia café aos passageiros e se apresentava: "Olá, sou Dave Neeleman". Sempre que fazia isso, além de surpreender o sujeito da poltrona, criava uma sensação que se propagava por toda a empresa, pois deixava claro que todos, de todos os níveis, estavam a serviço dos clientes da JetBlue. E reafirmava que ninguém, de nenhuma escala hieráquica, estava livre de obrigação de fazer o que precisa ser feito. A iniciativa ousada também era uma expressão clara da missão da empresa de "trazer a humanidade de volta para as experiências com viagens aéreas". Ver o presidente da empresa tratar os passageiros com cordialidade, apresentando-se e perguntando o que cada um deseja, era um alerta a todos de dentro e de fora da JetBlue de que algo diferente acontecia nos voos daquela companhia.

Um dos momentos mais propícios para enviar mensagens culturais é durante os primeiros dias dos funcionários na empresa. Os estudiosos dão a esse fenômeno o nome de *registro*, um período de profundo aprendizado que ocorre em determinadas fases do desenvolvimento, quando o cérebro está mais receptivo às influências do ambiente. Esse comportamento foi observado inicialmente nas aves, que, depois de sair do ovo, rapidamente criam laços especiais com a primeira criatura ou coisa que veem. Mesmo quando apresentado a uma alternativa mais "correta" (digamos, uma galinha, em vez do par de botas do granjeiro), a preferência do filhote de ave pelo contato original ainda predomina. No universo corporativo, o mesmo ocorre no período de treinamento. Quando alguém começa um trabalho novo, tudo é desconhecido. A mente das pessoas se revela mais aberta e receptiva, tentando encontrar sentido nas coisas que observa. Tudo o que capturam nesses primeiros momentos se fixa em suas mentes – e, o que é pior, fica difícil de ser removido depois.

No Commerce Bank, se você se lembra, nos 90 segundos iniciais os novos funcionários aprendem que (1) fazem parte de uma louca tribo de pessoas naturalmente felizes, (2) têm a responsabilidade de encontrar outras pessoas com o mesmo perfil, e (3) precisam atender ao telefone com entusiasmo. Nesses três passos simples, apreendidos em menos de dois minutos, os recém-chegados absorvem o que o Commerce Bank considera importante. O que sua empresa apresenta como importante no fértil período inicial de orientação? A burocracia?

Organizações realmente envolvidas começam o processo de registro de impressões já na etapa de recrutamento. Nesse momento, claro que se trata tanto de comunicação como de alinhamento. Você quer identificar pessoas que se adaptem à cultura da casa, mas sem deixar de esclarecer quais os objetivos da sua empresa.

A Zappos também se destaca nesse aspecto. O recrutamento na empresa é um exercício de imersão cultural, com ênfase na humildade, considerada um valor essencial. O processo se baseia em duas entrevistas, uma com perfil cultural e outra voltada para as habilidades, cada uma com dez a quinze perguntas voltadas para o comportamento.

Na conversa sobre perfil cultural, o candidato responde a questões como "Você preferiria ganhar um aumento de 10% no salário ou fazer um novo amigo?", "Se você fosse um super-herói, qual seria e por quê?", ou ainda "Qual seria a trilha sonora de sua vida?". As perguntas foram elaboradas para captar aspectos importantes do perfil do entrevistado, mas também revelam muito sobre o modo de operação e o pensamento predominante na Zappos.

Mesmo a entrevista voltada para avaliar as habilidades foge do formato convencional e, nesse procedimento, a cultura exerce parte importante da avaliação. O processo inclui aptidões básicas, como familiaridade com o computador ou com a internet, mesmo que o cargo disputado seja o de responsável pelas finanças. De acordo com Christa Foley, gerente de recrutamento, "nossos testes avaliam a humildade tanto quanto as habilidades exigidas para o cargo. Se um candidato se irrita isso fica óbvio, o que amplia a possibilidade de avaliar o aspecto cultural". Na hora de fazer a avaliação ao computador ou no treinamento realizado no *call center*, o postulante ao cargo de diretor financeiro pode ficar acomodado ao lado de um candidato recém-saído da faculdade, por exemplo.

O mesmo vale para a observação da linguagem corporal, um canal de comunicação rico em significados e revelações, enquanto o candidato visita as instalações da empresa. O corpo não costuma mentir, ao menos não de forma convincente. Alguém que demonstra desconforto físico ao ver as pessoas batendo pequenos sinos ou fazendo desfiles no ambiente de trabalho (acontecimentos comuns na rotina dos funcionários da Zappos) exibe algo mais crucial do que o que pode ser declarado em uma entrevista.

A Zappos precisou de três anos para preencher seu departamento financeiro, que passou de 13 integrantes para 30, em grande parte por causa das dificuldades de encontrar profissionais da área adequados à cultura da casa. Se aparecesse alguém que parecia se encaixar no perfil técnico mas que demonstrasse pouca predisposição para se integrar à equipe, era eliminado do processo seletivo.

Não se trata de exigir que as pessoas sejam totalmente adequadas à cultura da empresa, mas elas não podem contrariar os valores considerados essenciais. "Não esperamos que os candidatos se encaixem ou incorporem os valores da mesma forma", esclarece Foley. "Um recém-chegado talvez não esteja entre os líderes das iniciativas ou nem aprecie muito algumas ideias, mas não pode achá-las descabidas."

Algumas perguntas surpreendem e dificultam o recurso das respostas prontas, como "Você gosta de passar o tempo fora do escritório junto com os colegas?". Espera-se que os gerentes dediquem 20% do período fora do expediente para estar com a equipe. E sempre há também uma "pergunta estranha", feita apenas para ver como as pessoas reagem. "Queremos que elas deem risada da pergunta", explica Foley. "Se elas se sentirem incomodadas ou demonstrarem uma reação negativa, provavelmente não servem para o cargo." Um traço valorizado, por exemplo, é atribuir o sucesso pessoal a algo mais do que mero talento individual. "Se uma pessoa se considera sortuda, provavelmente é o tipo que estamos procurando: criativa, ousada e capaz de pensar fora da caixa", acrescenta a executiva.

O processo de transmissão da cultura da empresa permanece igualmente presente e suave do recrutamento ao treinamento, como se pode esperar. O treinamento básico se estende por quatro semanas, das 7h às 16h, de segunda a sexta-feira. Depois da terceira semana, todos recebem a proposta de ganhar US$ 2 mil para abandonar o processo, sem precisar justificar nada. Poucas pessoas aceitam, em parte porque nessa etapa elas já sabem o que as espera. Se valorizam a soma em dinheiro mais do que a oportunidade de trabalhar com Hsieh e sua equipe na busca de um atendimento perfeito, adeus. Todos os novatos passam pelo *call center*, reduto da equipe responsável pela fidelização dos clientes, e depois pela "incubadora", onde fazem atendimento telefônico supervisionado.

Cada etapa do processo é minuciosamente preparada e desenvolvida para transmitir e reforçar os valores essenciais da empresa e estimular as pessoas a abraçá-los. No entanto, Alfred Lin acha tudo isso muito simples: "Nós só contratamos pessoas felizes, e tentamos mantê-las assim". E sugere: basta recrutar quem se deixa "inspirar pela cultura da empresa".

ESTUDO DE CASO

Conta uma história?

Na Sewell Automotive, centenária rede de concessionárias do Texas, famosa pelo atendimento exemplar, a orientação não começa com um passeio pelas instalações, mas na hora de contar histórias. Os novos contratados se reúnem e escutam funcionários mais antigos relatarem experiências peculiares, porém verdadeiras, sobre uma prestação de serviços excelente, casos que apresentam a cultura da Sewell em detalhes concretos.

Algumas histórias vêm sendo transmitidas de uma geração de funcionários para outra, como o caso em que uma equipe de reparos dirigiu de Dallas a San Antonio no meio da noite para trocar a bateria do carro de um cliente. Outros relatos são bem mais recentes, como o episódio em que os gerentes começaram a receber agradecimentos dos clientes pelo envio de flores. Nenhum dos executivos, porém, havia feito esse envio. Depois, descobriu-se que era uma iniciativa do atendente do caixa da concessionária. A cada final de semana, a empresa mandava flores, uma iniciativa que o funcionário da empresa intuiu que surtiria bons resultados.

Mas qual o efeito dos relatos?

Segundo Joe Stallard, vice-presidente de recursos humanos, dois motivos justificam a prática: estabelecer padrões claros e dar às pessoas a permissão para se comportar de determinada maneira. Não se trata de se esforçar acima da medida em cada atendimento, ressalta Stallard, pois esse é um privilégio a ser conquistado e não a base do modelo de serviço da Sewell: "Não estou falando do que é extaordinário, mas do que deve constituir a regra. Trata-se de satisfazer as expectativas em cada oportunidade". Em consequência, muitos dos relatos têm forte temática relacionada à confiabilidade ou variações sobre o tema – cumpra sua palavra, faça seu trabalho com dedicação, seja correto com os clientes e os colegas. São valores culturais que mantiveram a Sewell em posição de destaque no setor por mais de um século – até mesmo em 1911, quando a empresa precisou decidir se apostaria em aparelhos elétricos, equipamentos de cinema ou na novidade quentíssima chamada automóvel.

Como aconteceu com outras empresas bem-sucedidas, a Sewell fez escolhas em seu modo de operar que ajudam a reforçar a cultura interna. O recrutamento de pessoas afinadas com os valores da empresa constitui o ponto de partida, sustenta Stallard, e o rigoroso processo de seleção reflete essa diretriz. Os colaboradores precisam demonstrar bons resultados em várias etapas das entrevistas, além de se revelarem aptos nas avaliações de afinidade com a cultura da empresa. A grande maioria dos candidatos não ultrapassa tais etapas. A busca por "pessoas inteligentes" inclui a visita dos recrutadores às universidades, prática incomum no setor. A empresa privilegia instituições como a Texas A&M, por acreditar na afinidade entre suas premissas básicas. Caráter é destino, atendimento é privilégio.

Mas o que acontece em seguida contribui para o vigor da cultura da Sewell. Ao término da fase de treinamento, os novos contratados são recebidos com recompensas e muito estímulo. Os funcionários que absorvem a visão da empresa têm a oportunidade de participar de treinamentos em locais deslumbrantes. Não se tolera a violação dos pilares culturais – tolerância zero também para tudo o que possa representar uma violação ética.

No final do ano, todos os funcionários participam de uma generosa festa, caracterizada pela mesma excelência presente no atendimento que a Sewell espera prestar a seus clientes. O ponto alto da festa acontece quando o presidente da empresa e filho do fundador, Carl Sewell, assume o microfone – e começa a contar histórias.

Coerência: elemento essencial

Um de nossos livros favoritos sobre gestão, mas que recebeu menos atenção do que merece, é *Management lessons from Mayo Clinic*, magnífico registro de como um dos melhores hospitais do mundo oferece atendimento de excelência ao colocar os pacientes em primeiro lugar. A instituição inova ao adotar a ideia ainda revolucionária de uma prática médica baseada em equipes. A obra também aborda a filosofia de liderança do ex-presidente da instituição Glenn Forbes, que protegeu e cultivou com afinco a cultura da excelência dentro da Mayo Clinic. Forbes resumiu o desafio: "Se você apenas propaga um valor, sem levá-lo para as operações, a política, a tomada de decisões, a alocação de recursos e a cultura da instituição, então tudo não passa de um conjunto de palavras".[12]

Como Forbes sugere, não basta falar sobre cultura, embora essa seja uma parte importante. É preciso se certificar de que os valores propagados estão em consonância com as medidas tomadas em todas as áreas da empresa. E é preciso estar atento para as dissonâncias entre o que se diz e o que se pratica. Na Mayo Clinic, a equipe recorre a uma frase que entra em cena sempre que é preciso tomar uma decisão complicada: "Isso é correto para o paciente ou não é?" A pergunta acalma os ânimos nas reuniões e traz todos de volta para a preocupação central da instituição.[13] Da mesma maneira, quando a Sewell Automotive enfrentou seus momentos mais árduos, cada decisão foi pautada à luz do contexto cultural. Uma discussão frequente na diretoria da empresa é se um movimento vai reforçar ou contradizer a cultura de honestidade, integridade, trabalho duro e bom atendimento vigente na empresa.

A Zappos, como se pode esperar, também se esforça para que a cultura da felicidade esteja presente por toda parte, inclusive nos detalhes da operação do *call center*. Na maioria dos centros de atendimento, os funcionários sofrem pressão para limitar o tempo de contato com cada cliente a 3 minutos. Na Zappos não existe limite e os atendentes são estimulados a improvisar: eles têm até orgulho de falar sobre a duração do atendimento a clientes. Até o início de 2011, o caso mais longo tinha consumido mais de 8 horas ao telefone.

"Não usamos roteiros", conta Hsieh, presidente da Zappos. "Quem telefona em determinada hora pode ser atendido por um profissional falante e que gosta de fazer piadas, mas em outro momento conversa com alguém que ouve o latido de um cachorro ao fundo e desenvolve uma conexão emocional dessa forma. Ou que talvez seja da mesma cidade que o cliente... Não nos importamos com isso, contanto que o consumidor sempre fique impressionado com o atendimento."

Mas deixar as pessoas satisfeitas não equivale a baixar os padrões (percepção bastante comum e equivocada), o que seria uma violação da cultura da empresa. A Zappos mantém altas expectativas de seus atendentes, e por isso todos os anos fica atenta aos 10% de atendentes que apresentam desempenho mais fraco. "Você tem de estar disposto a demitir esse grupo para garantir a sobrevivência da cultura", garante Hsieh.

Se uma pessoa não contribui para mudar nada na empresa, ela não serve para a Zappos. Por isso, quem não tem nenhum erro registrado na avaliação perde pontos: agiu de forma conservadora demais. Os funcionários do *call center* são avaliados levando em conta o empenho e a pontualidade, mas 50% da avaliação considera a "contribuição para a cultura e os valores essenciais da empresa". Como o Commerce Bank, a Zappos conta com um peculiar programa de recompensas: cada setor recebe uma quantidade específica de "zóllares", que a equipe destina aos autores de contribuições para os valores essenciais. A moeda é reembolsável na "loja" da empresa.

O programa de desenvolvimento profissional da Zappos é chamado de Pipeline (duto ou canal). Segundo Roger Dana, responsável pelo treinamento e desenvolvimento de processos, a inciativa se baseia na premissa de que qualquer pessoa pode chegar aos níveis hierárquicos mais elevados. Para ajudar, um profissional atua na empresa o tempo todo na orientação de carreira dos colaboradores (para uma conversa de meia hora, é preciso se inscrever com duas a três semanas de antecedência).

Quando perguntamos a Hsieh por que não tem um monte de gente fazendo a mesma coisa, ele respondeu: "Porque os resultados demoram para surgir. Estou pensando na empresa a longo prazo. Em três décadas, talvez a gente tenha uma companhia aérea", conjectura em tom de piada, mas com fundo de verdade.

Solte sua empresa

Manter a coerência não é apenas um desafio que envolve funções e níveis, uma vez que o reforço e a sustentação de uma cultura de excelência também constitui um desafio ao longo dos anos. A cultura, como outros fatores, pode perder vitalidade e endurecer com o tempo. Um dos fatores pode ser a exposição repetitiva a situações similares, e o tipo de pensamento padronizado que costuma predominar em tais casos. Os psicólogos utilizam a expressão *heurística* para designar as reações de resolução mais fácil que nossa mente utiliza para tomar decisões rápidas, em consequência ignorando os detalhes.

Um excelente artigo da *Harvard Business Review* descreveu um cenário no qual uma concessionária de carros recebia reclamações de clientes insatisfeitos.[a] Um dos reclamantes era uma mulher que toda hora levava o veículo para solucionar problemas recorrentes. A empresa decidiu substituir o carro, mas a cliente continuou buscando conserto para os mesmo problemas. Os funcionários não suportavam mais atendê-la e prestavam cada vez menos atenção às queixas, atribuindo os problemas à personalidade da moça. O curioso é que, quando apresentamos esse caso em aula, o mesmo fenômeno começa a acontecer: os alunos não tardam em atribuir o problema à cliente, lembrando que "algumas pessoas nunca ficam satisfeitas" ou que "talvez ela seja uma pessoa desequilibrada". As reclamações da cliente, contudo, tinham fundamento. A moça não era maluca, mas se viu em meio a uma loucura, perdendo tempo e dinheiro e ainda recebendo o tratamento de vilã da história.

Quando o contato com os clientes torna-se intenso, os funcionários podem receber uma superexposição ao que é ruim. Já quando tudo sai à perfeição, raramente um cliente telefona para a empresa para agradecer ou elogiar. Essa exposição desproporcional ao que não dá certo provoca uma espécie de calcificação. Os funcionários tornam-se mais endurecidos na relação com os clientes e começam a tratá-los como entidades bidimensionais. Só que é impossível prestar um atendimento de excelência quando se desumaniza o cliente. Por isso, as culturas não precisam apenas adotar e manter os valores e normas corretos, mas também têm de se preocupar em relativizá-los, em "amolecê-los" – e a intensidade dessa ação depende do grau de enrijecimento da cultura da empresa.

Há um tempo, apresentamos essa lição para a Kaiser Permanente, destacada empresa de saúde que nos contou que, em algumas das atribuições mais difíceis do *call center* e nas quais os atendentes passavam o dia ouvindo reclamações, era preciso "descalcificar" os atendentes a *cada 4 horas*. Dependendo do tipo de problema, do relato apresentado e do alto nível de emoção decorrente da prestação (ou não) do serviço de saúde, por vezes se torna necessário "endurecer" um pouco para dar conta do atendimento. E a Kaiser Permanente descobriu que precisa "ministrar um antídoto" para isso a cada quatro horas.

Como essa dinâmica se processa em sua empresa?

a. Dan Ariely, "The customers' revenge," *Harvard Business Review*, dezembro de 2007, 31-43.

Na prática

Em sua maioria, as empresas internalizam a relação entre cultura e desempenho de forma complicada – o que ocasiona o desenvolvimento de uma cultura capaz de sabotar os próprios objetivos. Quem tem sorte aprende essa lição rapidamente, como foi o caso da Verizon (abordado no capítulo 3), que, em meio a outras mudanças, substitui uma cultura de execução por uma cultura de aprendizado em seus *call centers*. Tentamos estimular esse processo em nossos clientes. A maioria das empresas conta com pelo menos algum aspecto de sua cultura que gostaria de modificar. Assim, em vez de partir do zero e sair perguntando às pessoas como elas imaginam uma cultura capaz de favorecer os objetivos de desempenho (embora essa seja uma maneira de agir), em geral preferimos adotar o conceito de Schein ("artefatos", "valores conjugados" e "comportamentos") para ajudar as pessoas a diagnosticar em que passo está a cultura predominante.

Em geral, o que se deseja mudar são os comportamentos e, para isso, algumas perguntas importantes podem ser feitas:

- Quais comportamentos são problemáticos?

- Quais os valores conjugados que movem esses comportamentos?

- O que pode ser feito para mudar isso?

A simples abordagem dessas perguntas pode ser bastante valiosa, uma vez que as pessoas (inclusive os executivos mais graduados) tendem a acreditar que a cultura de suas organizações tem de ser preservada, que se trata de algo que elas não têm o poder de mudar.

Em uma empresa de consultoria na qual trabalhamos, por exemplo, o comportamento problemático era a fragilidade na análise de clientes, a falta de curiosidade intelectual para descobrir e abordar os reais problemas deles. Todos concordavam em relação ao que precisava ser mudado. Em pouco de tempo, identificamos os fatores que propiciavam o comportamento e pudemos avaliar o processo rapidamente. Descobrimos que o principal fator estava no fato de que a capacidade de comunicação e as habilidades sociais eram mais valorizadas do que o desejo de busca da verdade. A experiência dos funcionários alimentava essa dinâmica, uma vez que os melhores comunicadores ou *performers* mais talentosos desfrutavam de maior reconhecimento interno. Análises superficiais do cliente passaram a ser consideradas suficientes, desde que os dados fossem administrados com confiabilidade e tato. Em consequência, a inovação estagnou e a satisfação dos clientes desabou, embora os consultores de fato causassem boa impressão nas reuniões.

Os sócios da consultoria concluíram que precisavam reorganizar com credibilidade as prioridades tácitas da empresa.

Para isso, seria preciso investir em uma campanha de comunicação e alterar tanto os incentivos formais quanto os informais, incluindo os símbolos de *status*. Também seria preciso refinar o sistema de recrutamento e de promoção interna, além de rever os comportamentos que os líderes apontavam como exemplares. Entre outras coisas, o fundador da empresa, excelente comunicador mas basicamente uma pessoa reservada, decidiu abrir seu processo analítico e trazer os profissionais juniôres para a nada glamurosa tarefa de avaliar, separar e organizar dados.

Aquela geração nunca tinha testemunhado o fundador fazer suas bem preparadas apresentações, que ele mesmo lapidava e expunha para o aplauso da plateia. Em geral, fazia a "lição" em casa, às 4 horas da manhã, quando o ambiente estava livre de distrações. Decidiu, então, transferir parte desse trabalho para o escritório. Essas sessões se transformaram em aulas para os jovens profissionais, em oportunidades para testar e refinar suas percepções sobre os clientes e em uma chance para que o fundador avaliasse o ritmo de aprendizado de seus colaboradores. Não demorou para a empresa toda entrar nessa dinâmica.

Na maioria dos casos, o problema está no mau comportamento de pessoas boas e não em pessoas más se portando de forma inadequada (se fosse este o caso, nenhuma mudança cultural surtiria resultados, convém esclarecer). Pessoas que influenciam o ambiente de modo negativo ou não surtem resultados têm de ser afastadas, em parte por causa do dano que provocam à cultura. Manter pessoas assim significa passar recibo para sua forma de agir. Mas se você conta com uma boa equipe e sabe qual o tipo de cultura necessário para prestar um serviço de excelência, está na hora de começar a diversão: o que exatamente você quer construir?

ASPECTOS IMPORTANTES

✓ Não basta montar um modelo de serviço correto. O atendimento excepcional é atingido quando um ótimo design organizacional se complementa a uma cultura que propicia a excelência nos serviços. Uma forma básica de pensamento é: a excelência nos serviços é produto do design e da cultura.

✓ A cultura correta não é um conceito universal. O modelo ideal para você constitui um ativo peculiar, que precisa ter coerência com o modelo de serviço da sua empresa.

✓ Uma forma de compreender a cultura consiste em desmembrá-la em seus componentes essenciais. Gostamos do conceito de Edgar Schein, que divide uma cultura em "artefatos", "comportamentos" e "valores conjugados". De acordo com o estudioso, para mudar o comportamento (objetivo comum das empresas), é preciso modificar o modo de pensar das pessoas – e, para isso, vale começar abordando as premissas ocultas que regem esse pensamento.

✓ Empresas que se destacam na prestação de serviço tendem a fazer bem três coisas em seu relacionamento com a cultura. Elas têm *clareza* quanto à cultura que precisam cultivar para competir e vencer. São eficientes na *comunicação* das normas e valores que sustentam essa cultura e também se esforçam para garantir a *coerência* cultural, ou seja, a afinação da cultura desejada com a estratégia, a estrutura e a operação da empresa.

Capítulo 6

Hora de crescer

Você já domina a equação da excelência no serviço. Definiu os *trade-offs* e seus clientes – devidamente treinados – estão satisfeitos. Você conta com uma equipe afinada e apta para prestar um serviço de alta qualidade, alimentada por uma cultura que sustenta sua vantagem competitiva. Nessa situação, em geral as empresas começam a ficar inquietas: querem crescer.

Um bom motivo para isso é manter o processo interessante. A pressão dos acionistas constitui outro fator (talvez o mais decisivo), mas existe também o desejo de criar oportunidade para as pessoas que trabalham na empresa. Essa aspiração se manifesta entre os gestores de prestadoras de serviço bem-sucedidas. As pessoas que ajudaram a construir o negócio estão ansiosas por novos desafios e conquistas, e o crescimento pode propiciar essa oportunidade.

Em termos gerais, há duas maneiras para uma empresa crescer: a primeira consiste em fazer mais do mesmo ou partir para outra atividade próxima da original; a segunda é investir em uma iniciativa totalmente nova.[1] Segundo a linguagem do mundo dos negócios, ampliar a atividade atual equivale a crescer mantendo o modelo de serviço existente, enquanto uma nova iniciativa inédita requer o desenvolvimento de novos modelos de serviço.

Para começar, vamos abordar o primeiro desafio: a ampliação do modelo existente.

Mesmo modelo, proporção maior

Grande parte das organizações não faz uma pausa para pensar sistematicamente em seu modelo de crescimento, sobretudo nos primeiros estágios do ciclo de vida. Não pode se dar esse luxo. Existe um padrão assimilado: você é novo, ainda está se organizando e fará o que for preciso para atender às necessidades de seus clientes, o que significa que precisa crescer a qualquer custo. Se um cliente aparecer com uma demanda que pode alterar um pouco o seu padrão, você certamente tentará atendê-lo, em um esforço conhecido como "customização" do produto ou serviço. Nesse momento, existe um prêmio em desenvolver relacionamentos com o cliente, mas você ainda não pensa em como usá-lo de maneira lucrativa. Em vez disso, está concentrado na própria sobrevivência. Se conseguir manter a satisfação de um número crescente de clientes, a tendência será de que outras coisas boas continuem acontecendo.

Finalmente, você passa da fase dominada por essa abordagem circunstancial e começa a se fazer algumas perguntas desafiadoras. Quais clientes devo valorizar e quais convém ignorar? Como garantir maior controle operacional? Qual o meu objetivo máximo? (Mudar o mundo? Garantir uma aposentadoria confortável? Colocar ações à venda na bolsa de valores?)

Quando esse tipo de pergunta começa a assombrar, em geral trata-se de bom sinal, pois revela uma mudança da tendência à customização abordada acima rumo a um nível de padronização mais estável. O gatilho para essa mudança em geral é a percepção de que não existe sustentabilidade na manutenção de um serviço moldado caso a caso. Além disso, a complexidade de manter uma ampla variedade de ofertas diferentes dificulta a operação em escala.

Ninguém gosta desse momento, pois a palavra *padronização* parece "fria" demais. Sugere ignorar o aspecto humano dos clientes, deixando suas necessidades em segundo plano ou não atendidas em troca de um punhado de dólares a mais no bolso dos investidores. Sem dúvida, a qualidade do serviço será sacrificada no altar da "eficiência maior".

Uma de nossas principais mensagens neste capítulo é a possibilidade de desafiar tal *trade-off*. Na realidade, não apenas é possível como também bastante provável que essa seja a única opção caso você queira oferecer excelência *e* crescer ao mesmo tempo. Lembra-se do Hotel Cipriani? Cada dimensão do serviço é extraordinária, e cada detalhe da experiência torna-se singular desse estabelecimento em específico. Como parte da rede Orient Express Hotels (OEH), o Cipriani pertence à mesma família do igualmente seleto Hotel Splendido, na cidade italiana de Portofino, mas a experiência de estadia varia de hotel para hotel da rede, uma vez que cada um incorpora tradições, influências culinárias e talentos específicos da região onde está instalado.

Chegar a esse nível de requinte customizado exige muito tempo e, por isso, os profissionais da OEH não são transferidos de um hotel para outro. O chef do Cipriani não prepara apenas especialidades do norte da Itália, mas também delícias venezianas, e comanda aquela prestigiada cozinha desde 1970. A gerente-geral ocupa o cargo desde 1977. A longa permanência no posto, associada a um profundo senso de responsabilidade, ajuda a proporcionar uma experiência excepcional de hospedagem – que, aliás, custa bem mais do que a tarifa do concorrente mais próximo na região.

Mas, além do alto valor cobrado dos clientes, outra grande limitação do modelo da rede OEH está em não constituir um motor de crescimento. Em um gráfico que considera customização *versus* qualidade, a OEH aparece no quadrante superior direito, representando alta qualidade e alto nível de customização (figura 6-1). O Four Seasons, rede hoteleira de luxo concorrente, ocuparia o quadrante superior esquerdo, com alta qualidade e elevado nível de padronização (ou seja, baixa customização). O ponto de interesse, aqui, é que o Four Seasons, prestador de um serviço de qualidade confiável, está perfeitamente aparelhado para crescer.

FIGURA 6-1

Matriz de serviço qualidade X customização

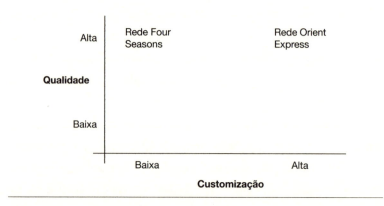

O baixo índice de customização do modelo de serviços da rede Four Seasons permite a expansão em ritmo saudável. E aqui vem a cereja do bolo: hóspedes assíduos do Cipriani não se sentiriam deslocados caso se hospedassem no Four Seasons. Acomodados em um hotel da rede, receberiam um nível de atenção compatível com o oferecido em estabelecimentos luxuosos e que prometem uma experiência exclusiva. Nenhum serviço consumido no local teria aspecto de "padronização" a ponto de comprometer o atendimento. Mas se você visitar diferentes hotéis Four Seasons, compare as garrafas de água, observe a forma como o porteiro cumprimenta os hóspedes e repare no uniforme da equipe dos endereços de Boston e de São Francisco. Uma coerência altamente refinada constitui o segredo do sucesso dessa marca.

Ou seja, é realmente possível oferecer excelência a partir de um modelo padronizado de serviços. Mas como conseguir isso?

Desculpe, vovó

Em geral, os processos de padronização se transformam com o tempo, às vezes de forma despercebida, em uma evolução natural como a que descrevemos no início do capítulo. Um cliente deseja algo fora do padrão e não há nenhuma razão consistente (ou, pelo menos, que pareça consistente) para não atender a essa demanda naquele momento – e tal flexibilidade fica incorporada. Um primeiro passo importante no processo de padronização, porém, consiste em reconsiderar essas decisões. Quais dos processos de customização ainda se justificam? Em quais deles sua empresa oferece mais do que ganha, ao concordar em atender a determinadas demandas?

Um relato conhecido entre os estudantes de administração envolve Herb Kelleher, fundador da Southwest Airlines, e a clareza com que ele uma vez respondeu à queixa de um passageiro diante da política de não transferir as bagagens para outras companhias aéreas.[2] Aparentemente, a carta de reclamação destacava as muitas dificuldades enfrentadas por uma frágil avó para voar de um lugar a outro do país a fim de visitar seus netos. A mensagem destacava ainda o quanto a vida daquela senhora seria facilitada se a Southwest fizesse a gentileza de lhe transferir as malas, serviço que as demais companhias prestavam sem hesitar. Kelleher respondeu à carta no mesmo estilo "item por item", explicando que o modelo de serviços da Southwest, que oferecia passagens a preços mais baixos por conta de seu tempo de operação mais rápido, não suportaria uma exceção dessa natureza. Herb lamentou os transtornos causados à passageira, mas infelizmente não iria se responsabilizar pela bagagem dela.

Gostamos desse caso porque lembramos de como seria difícil negar um pedido de nossas avós. Para nós, tornou-se uma imagem icônica "dizer não para a vovó", mas, por outro lado, estamos diante da companhia aérea de mais sucesso no mundo.

Um importante propulsor da crescente customização está em apenas ouvir e tentar agradar os clientes. É claro que não se trata de ignorar o que eles têm a dizer, mas sim de adotar uma escuta estratégica e customizar apenas onde faz sentido: modificar aquilo que permite a oferta de um valor real e obter ganho por isso, sem comprometer a saúde da sua operação. Não há como apostar na satisfação de um grupo reduzido de clientes em detrimento de um contingente de empregados, acionistas e demais consumidores.

Uma forma de chegar a um bom equilíbrio é adotar a customização do ponto de venda (na extremidade final), amparada por uma operação altamente padronizada. Em outras palavras, o cliente pode alterar algumas pequenas características facilmente administráveis pela equipe responsável pelo atendimento, mas os profissionais que atuam nas tarefas que antecedem essa etapa seguem uma operação padrão, seja qual for o pedido final. Tal estrutura tende a se ampliar suavemente, ao mesmo tempo em que oferece alto nível de satisfação. Pense no slogan do Burger King's (*Have it your way!*; em português "A gente faz do seu jeito"). De maneira alguma isso significa que o cliente recebe realmente o que deseja. A verdadeira mensagem é: podemos acrescentar cebolas ou picles se o cliente pedir, mas não existe a menor possibilidade de trocar o hambúrguer de carne por um de soja ou qualquer outro ingrediente que não esteja no cardápio. Em geral, esse é o significado da expressão "customização em massa".

A rede de lanchonetes tex-mex chamada Chipotle faz isso muito bem, com um menu bastante reduzido mas que permite aos clientes combinarem os ingredientes à vontade. Na rede, o consumidor faz as misturas que bem quiser usando as opções disponíveis (arroz, feijão, carne, legumes, molhos e tortilhas). Em sua maioria, os clientes se limitam a pedir um *burrito* – mas um *burrito* "sob medida", com a quantidade exata de molho que cada pessoa especifica ao atendente instalado na bonita, fresca e agradável linha de montagem. Seja qual for o parâmetro adotado, no quesito desempenho a Chipotle ganha destaque total. Em 2010, a empresa contava com mais de 2 mil lojas em 38 estados norte-americamos, com rendimento estimado de US$ 2 bilhões.

A Lululemon é uma bem-sucedida marca de roupas voltada para o crescente mercado do mundo da ioga, e que há pouco tempo ampliou sua linha e passou das peças tradicionais para a produção de casacos. Motivo da mudança? Pedidos dos próprios clientes, informou Eric Petersen, gerente de marketing, ao *New York Times:* "As pessoas estavam pedindo".[3] Acreditamos que a decisão da empresa se baseou em critérios bem mais estratégicos do que esse, mas o comentário nos chamou a atenção por representar uma forma frequente pela qual muitas empresas tomam suas decisões de crescimento. Aqui, a questão se trata de não administrar uma organização com base apenas no que as pessoas dizem. Pode parecer uma medida simpática à primeira vista, mas oculta um perigo: os clientes raramente compreendem a extensão daquilo que estão pedindo. É sua obrigação (em relação à clientela e a você mesmo) colocar as demandas dos clientes dentro do devido contexto, a fim de avaliar os *trade-offs* necessários para ampliar sua oferta.

ESTUDO DE CASO

Explosão na Rackspace

Em uma década, a empresa Rackspace, especializada em *cloud computing* (soluções "nas nuvens") e sediada em San Antonio, viu seus ganhos ampliados de US$ 12 milhões para US$ 800 milhões e passou de cem para 4 mil funcionários, em um crescimento espantoso.[a]

Qual a lição dada pela empresa? Antes de poder pensar em expansão, a Rackspace precisou colocar seu modelo de serviço sob controle. Começou remodelando a oferta de serviço, em uma série de *trade-offs* que teve de encarar quando a primeira estratégia adotada resultou em problemas financeiros. A falta de recursos (fato que o presidene da empresa Lanham Napier descreve como "uma bênção") forçou a Rackspace a enfrentar a terrível realidade de que o modelo de serviço original não tinha sustentação. O modelo havia sido criado para a locação de servidores e a orientação de clientes sobre como usar o equipamento. Os fundadores da Rackspace, Pat Condon e Dirk Elmendorf, resumiram o conceito original: "Se você não sabe usar uma tecnologia, o problema é você". Como a opinião predominante pregava que um suporte consistente ao cliente não era sustentável ou passível de ampliação, a empresa dedicava poucos recursos a esse item.

A combinação de saldo negativo na conta bancária com uma rotina de chamadas raivosas dos clientes levou à ruptura que desafiaria as certezas predominantes naquele momento: a grande jogada da Rackspace seria a oferta de um atendimento definido pela empresa como "fanático". Assim, a organização começou a construir um modelo de serviço e uma cultura capaz de sustentá-lo:

- *Principais* trade-offs *da oferta de serviços:* Para proporcionar uma experiência de serviço mais sofisticada, seria preciso elevar os preços ao consumidor.

- *Fonte de recursos financeiros:* Além dos preços mais elevados, um elemento crucial seria a fidelização dos clientes. Segundo estimativas da própria empresa, um consumidor atual satisfeito tende a ser dez vezes mais rentável do que um novo cliente. Em consequência, segundo Napier, a empresa pode financiar o elevado nível de atendimento por meio da retenção de clientes. "Para nós, o atendimento não é um custo, mas um investimento."

- *Sistema de gestão de funcionários:* A empresa recorre a uma seleção de "rackers" feita com base em alguns valores, em incentivos claros e voltados para as equipes e em delegação de alto poder decisório para quem atua na linha de frente – e "não nas mãos de quem fica no escritório tomando conta dos números", esclarece Napier. O executivo reconhece que é um "conceito assustador... mas é preciso acreditar que, com o tempo, os funcionários [da linha de frente] tomarão as decisões certas".

- *Gestão de clientes:* Rigorosas ferramentas de rastreamento (uma voltada para a precificação, outra para a rotatividade, outra para a retenção) deixam transparente a lucratividade de cada cliente, e a mesma precisão se aplica ao custo de cada ação interna. Os colaboradores usam essas ferramentas para desenvolver uma intuição profunda sobre o comportamento dos clientes e para aprender como manter a relação com eles dentro dos limites da rentabilidade esperada.

Aí entra em cena a cultura da Rackspace, que se destaca por uma série de valores concretos, a começar pelo "fanatismo no atendimento". A concentração no serviço é uma missão que estimula as pessoas a levar sua humanidade ao local de trabalho – e isso inclui os aspectos menos "regrados", úteis para a conexão com os clientes de forma autêntica.

A postura mais ousada da Rackspace, revelada em quase todas as decisões tomadas pela empresa, é a crença na capacidade da força de trabalho. Napier define seus colaboradores como "entidades poderosas", e esse é o tratamento que as pessoas recebem: não com luvas de pelica ou recompensas generosas (embora o reconhecimento claro e os prêmios em dinheiro também façam parte da estratégia), mas por meio da celebração dos talentos e peculiaridades únicos de cada um. Algumas vezes, isso significa uma abordagem de gestão específica, criada com o objetivo de fortalecer os aspectos positivos de cada pessoa. Outras vezes, implica alugar uma sala de cinema para uma sessão exclusiva do filme *Transformers* para a equipe inteira. "Afinal, somos um bando de nerds", resume Napier.

O presidente da empresa não economiza energia na hora de falar sobre todos os aspectos do modelo de negócios da Rackspace, mas o maior entusiasmo aparece mesmo quando o assunto são os funcionários. "Não tenho a menor insegurança em afirmar que eles são o melhor que a humanidade pode oferecer." Os colaboradores assimilaram a crença de Napier, o que os libera para desempenhar um atendimento acima do esperado tanto em relação aos clientes como entre eles mesmos.

Tudo isso faz parte de um círculo virtuoso. As premissas da equipe são simples: se ela atende bem aos clientes, estes gerarão mais trabalho. Isso significa um crescimento de 20% ao ano, sem a captação de um único cliente novo. Napier descreve o fenômeno como um pêndulo que começa com funcionários felizes prestando um serviço de excelência. O serviço de excelência resulta em relacionamentos comerciais bem-sucedidos, que, por sua vez, repercutem em uma maior demanda pelos serviços da Rackspace. Esse aumento na demanda se revela mais rentável para a empresa, uma vez que ela já sabe exatamente como atendê-la – recomeçando o ciclo. Nossos colegas Earl Sasser, Jim Heskett e Len Schlesinger definem tal fenômeno como "cadeia de lucro nos serviços", e a Rackspace constitui um ótimo exemplo de como isso funciona.[b]

O mecanismo criado por Napier continua em aceleração. Após oito anos dessa dinâmica, a Rackspace cresce com mais velocidade do que em qualquer outro período da trajetória da empresa, apesar de hoje ela ser bem maior. Nas palavras do próprio executivo, "parece loucura".

a. Os dados apresentados neste caso foram extraídos do vídeo de W. Earl Sasser Jr., James L. Heskett e Tom Ryder "Rackspace hosting" (2000), caso 9–811-701 (Boston, Harvard Business School, 2010).

b. James L. Heskett, W. Earl Sasser Jr. e Leonard A. Schlesinger, *Lucro na prestação de serviços* (Ed. Campus, 2001).

Os clientes não são a única fonte de caos na customização. Um dos motivos pelos quais uma companhia de telefonia que estudamos recebia 8 milhões de chamadas por mês (tendo 12 milhões de clientes) derivava do fato de a empresa estar no quadrante inferior direito da matriz de qualidade *versus* customização (figura 6-1), gerando um atendimento altamente customizado e de baixa qualidade. A empresa customizava todos os tipos de processo, mas isso não resultava em clientes mais bem atendidos.

Como isso aconteceu? O crescimento da organização se deu a partir de várias aquisições e, conforme cada acordo era finalizado, a solução mais fácil parecia ser permitir que cada grupo regional mantivesse seus sistemas e procedimentos habituais. Com isso, as ofertas eram geradas, contabilizadas e gerenciadas por meio de uma combinação de processos incrivelmente diversificada e inconsistente. Assim, um concorrente de menor porte, mas com um sistema mais padronizado, podia rapidamente desenvolver uma inovação, enquanto esta empresa tinha de se conformar em tentar fazer algo parecido.

O caos e os erros resultaram em insatisfação generalizada entre os consumidores.

Um breve aparte
sobre como crescer com qualidade

De acordo com nossa experiência, uma característica comum nas empresas bem-sucedidas e com rápido crescimento é a constante curiosidade em relação ao que *não funciona bem*. Essas empresas não se incomodam em identificar e discutir os problemas – uma vez que os veem como oportunidades.

A Toyota destacou-se entre as organizações que fomentaram essa mentalidade até perder seu rumo (esperamos que temporariamente). Quando novos gerentes eram contratados pela empresa, recebiam como primeira incumbência manter-se em um quadrado delimitado no chão com fita vermelha, de olho na linha de montagem. Os novatos não podiam sair dali enquanto não identificassem algo que pudesse ser melhorado naquele processo de produção. Vale lembrar que se tratava do elogiado processo de produção da Toyota, aperfeiçoado durante mais de uma década, de modo que muitos dos novos funcionários passavam uma semana inteira postados dentro do quadrado vermelho. Alguns, porém, só ficavam ali por uma hora. Tanto num como no outro caso, tornou-se claro para todos que sua responsabilidade enquanto funcionários era promover melhorias naquele lugar.

Como você trata as pessoas que identificam problemas em sua empresa? Como foi tratado quando apontou algo errado em um sistema? A frase "só me traga um problema se trouxer também a solução", comum nos manuais de administração de empresas, é altamente perigosa. Trata-se de uma receita para o crescimento descuidado e o desperdício de potencial. Na realidade, um diagnóstico que desenvolvemos para avaliar as condições de sucesso do crescimento de uma empresa é se o presidente da organização está aberto ou não para receber más notícias. Descobrimos que se trata de um aspecto bastante revelador.

Se sua empresa se prepara para uma expansão, recomendamos dedicar especial atenção aos menores problemas. Em sua maioria, as empresas adotam implicitamente a regra dos "80 para 20", apostando que 20% dos problemas resultam em 80% dos danos. A ideia subjacente aqui é que, se conseguirem eliminar os problemas maiores, tudo estará em ordem. No entanto, Anita Tucker, colega da Harvard Business School, descobriu que os problemas pequenos às vezes corroem uma empresa. E nem sempre são abordados porque parecem insignificantes demais para merecer atenção. Mas, por ficar sem solução, podem gerar um retrabalho capaz de consumir até 20% do dia de um funcionário. Ou seja, as pessoas podem gastar 20% do tempo hábil dedicando-se a problemas que nunca vão aparecer na lista de soluções prioritárias.

Tucker comandou um estudo de uma unidade de enfermagem e descobriu que, em média, cada funcionário desperdiçava uma hora por dia lidando problemas que tinham solução, mas que ninguém se incomodava em resolver de uma vez por todas.[a]

Uma hora por dia! O que sua empresa poderia realizar se ganhasse um tempo extra semanal de cinco horas por funcionário?

a. A. L. Tucker, "An empirical study of system improvement by frontline employees in hospital units", *Manufacturing and service operations management 9*, edição 4, outono de 2007.

Uma empresa multifocada

Há uma alternativa para ampliar a versão padronizada do modelo de serviço já existente: a construção de modelos múltiplos dentro da mesma estrutura organizacional. Se você acha que sua estratégia atual está atraindo concorrentes mais ferozes, ao mesmo tempo em que proporciona margens reduzidas e requer alto nível de complexidade, pode gostar dessa abordagem. Só que a opção exige certo preparo emocional – e vamos explicar o porquê.

Suponhamos que, com as melhores intenções e ótimos motivos, você tenha começado a satisfazer uma maior variedade de necessidades de um número crescente de clientes. Mas esse caminho se revela árduo, exigindo esforço constante para acomodar demandas variáveis dos clientes com uma crescente complexidade operacional. Alguns dos consumidores escolhem sua empresa por causa do preço, outros por conta da localização, outros, ainda, em decorrência de uma fusão e talvez até contra a própria vontade. A fim de agradar a todos, você contratou uma gama variada de colaboradores alocados para atender a demandas díspares. Como um navio de carga, sua empresa tornou-se pesada e lenta.

Entra em cena um concorrente novo – a bordo de uma ágil lancha. Cada segmento operacional que você conseguiu atrair poderia sustentar um modelo de serviço individual e altamente focado. Assim, o recém-chegado se dedica a abordar cada um desses segmentos com uma limitada oferta de produtos e um quadro de funcionários bem menor.[4]

Os cinco estágios do luto estratégico

Como sua empresa reagiria à chegada de um novo concorrente? De acordo com nossa experiência, a reação em geral se processa em etapas, que podem ser resumidas como a seguir:[5]

1º estágio: Negação

Se fosse possível ouvir o que dizem os executivos de uma empresa quando avaliam os riscos de um concorrente novato com objetivos claros, provavelmente encontraríamos uma atmosfera de incredulidade. Os recém-chegados tendem a ser pequenos e ousados (não têm muito a perder), o que facilita uma avaliação subestimada de suas reais ameaças. O Commerce Bank? As taxas de juros que eles cobram são absurdas! A Southwest Airlines? Eles não servem nem biscoitos e o embarque da companhia parece uma rodoviária! Olhar para os pontos "fracos" alheios ajuda a criar uma sensação de segurança, até que...

2º estágio: Raiva

A negação logo dá lugar à raiva, impulsionada pela constatação de que os clientes mais rentáveis abandonaram sua empresa para apostar naquele concorrente que não anunciava ameaça alguma. Isso ficou claro quando os correntistas do Citibank começaram a atravessar a rua para utilizar os serviços do Commerce Bank, todos bastante dispostos a trocar taxas de juros mais moderadas por um atendimento mais cordial. Em outras palavras, os clientes não baseavam suas decisões apenas nos preços – e esses eram os clientes rentáveis. Eis o desafio clássico para uma empresa que se destaca em seu setor de atuação: os melhores consumidores em geral são os primeiros a mudar de fornecedor.

3º estágio: Racionalização

Nesta fase, uma mente competitiva pode se decepcionar. É comum fazer algo que minimize a gravidade da ameaça, tanto da parte dos executivos como dos investidores. "Muito bem. Os novatos roubaram alguns clientes nossos, mas não todos. Ainda temos nossa parcela do mercado." Nesse momento é comum contratar consultores externos, no anseio de que confirmem as "certezas" internas. Afinal, "só estamos perdendo alguns clientes, certo?"

4º estágio: Desespero

O medo começa a aflorar, como no caso que estudamos envolvendo um banco de varejo. Quando se começa "tapando o sol com a peneira", nunca é agradável enfrentar a realidade. No caso, não foi apenas o Commerce Bank que surgiu no caminho. O referido banco de varejo decidiu basear sua estratégia no atendimento e na simplicidade, confrontando-se então com o ING Direct, igualmente interessante para a clientela mas baseado em características de desempenho bem diferentes. O ING Direct tem poucas filiais e o pior acesso físico do mundo, mas oferece a melhor taxa de juros para os investimentos.

Sobretudo em setores mais regulamentados, em geral demora um pouco mais para que um recém-chegado faça a diferença. No entanto, em algum momento fica claro que ele não veio a passeio. O período sem concorrência no horizonte pode ser de alguns anos, mas o intervalo entre a chegada do primeiro e a vinda do segundo competidor tende a ser menor, e em um tempo mais reduzido ainda deve surgir um terceiro concorrente. Em geral, o estágio 4 começa quando a lista de novatos já é numerosa, o que explica o motivo do desespero.

5º estágio: Resignação

Aqui os executivos "fazem as pazes" com a verdade e começam a abordar o problema de maneira estratégica. Quanto mais rápido sua empresa chegar aqui, melhor. Consideramos parte de nosso trabalho acelerar esse processo. Seja em qual momento for, julgamos uma obrigação conduzir o cliente ao estágio 5.

Portfólios de serviços

Em nosso trabalho junto a empresas que conseguiram suportar a investida de concorrentes determinados, descobrimos que a maioria delas não apresenta grande resistência diante desse desafio. Quando um novato aparece em cena, quem se sente ameçado pode reagir apostando em aquisições, um processo que com frequência mascara vários problemas. A sensação de melhora vem do fato de ganhar nova dimensão, mas muitas vezes a empresa enfraquece ao tornar-se maior, e essa estratégia acaba tendo fôlego curto.

No entanto, de vez em quando uma organização ameaçada consegue se defender com méritos próprios. Uma característica comum entre os casos de sucesso é a tendência a adotar um perfil que chamamos de *empresa multifocada*. O processo inclui a construção de modelos múltiplos de serviço – marcas ou unidades de negócios, dependendo da estrutura da empresa – otimizados individualmente para um segmento operacional específico, cada qual com pontos fortes e fracos em determinados aspectos. Em outras palavras, cada uma dessas empresas conta com um portfólio com modelos de serviço bem desenvolvidos, como descrevemos ao longo deste livro. Em vez de ampliar os atuais modelos para fazer mais, preferiram incorporar novos modelos acomodados sob o mesmo "guarda-chuva".

Quando o varejista de eletrônicos norte-americano Best Buy apostou no segmento da alta sofisticação, por exemplo, lançou a Magnolia, uma "loja dentro da loja" que, na verdade, corresponde a um modelo de serviço embutido em outro. O cliente-alvo da rede tem alta sensibilidade a preços e aprecia eletrônicos de uma faixa moderada de preços. Já a Magnolia vende sistemas eletrônicos de lazer (*home theaters*, por exemplo) de alto luxo, além de outras "ousadias" audiovisuais, criadas para, literalmente, "transformar o modo de vida do consumidor". A equipe de Magnolia vende apenas "o melhor do melhor", com itens de alta tecnologia e potência, capazes de fazer frente a uma sala de cinema multiplex.

A Magnolia desempenha papel de grande importância na estratégia do Best Buy, pois permite que a empresa cresça sem confundir os clientes-alvo nem se afastar deles. A grife de roupas Armani usou um recurso similar quando decidiu criar a marca Armani Exchange (A/X). As lojas Giorgio Armani comercializam uma linha de roupas *prêt-à-porter* altamente sofisticadas, caríssimas, acessíveis apenas para uma pequena parcela de consumidores no planeta. Essas butiques ainda ousavam investir no mundo da criação exclusiva, oferecendo camisas e ternos criados especialmente para os usuários do marca. A A/X, por sua vez, traz a peculiar visão criativa do estilista para outra camada de consumidores, ou pelo menos para um grupo bem maior, talvez com menos dinheiro na conta bancária, mas com boa disposição para gastar em roupas caras. Porém, as araras da A/X não exibem uma versão diluída dos modelos à venda nas seletas lojas da grife-mãe, mas sim um vestuário mais jovial, ousado e "rock and roll". Enquanto as butiques oferecem um refinado serviço, prestado por atendentes que se comportam como se fossem compradores, o modelo de serviço da A/X prioriza o atendimento aos integrantes da geração Y, que sabem o que querem e praticamente não levam em consideração as indicações de vendedores – estranhos de olho na comissão a ser recebida sobre a venda. Os clientes da Armani são mimados, os da A/X são suavemente ignorados.

Recorremos a esses exemplos para mostrar que os clientes interagem com as duas empresas, porém por meio de quatro modelos de serviço distintos. A diferença talvez seja mais visível no caso da Magnolia e do Best Buy, uma vez que ambos dividem o mesmo espaço físico. O Best Buy, brilhante e imenso, seduz por se parecer com um mercado de pulgas de tudo que tenha tomada – além de ter vendedores proativos, luzes coruscantes e prateleiras e mais prateleiras repletas de artigos eletrônicos. Basta entrar no espaço ocupado pela Magnolia (dentro da mesma loja) para adentrar outro universo: a iluminação é suave e há poucos itens em exposição, posicionados ao lado de confortáveis cadeiras que estimulam o cliente a se acomodar e pensar naquele mundo de possibilidades.

Serviços partilhados

Eis o segredo: as experiências descritas acima são sentidas pelos clientes de maneira bastante distinta, mas compartilham muitos processos internos. Os Best Buys e Armanis do mundo podem concorrer com empresas mais focadas porque têm certas vantagens ao associar os modelos múltiplos. Em outras palavras, cada modelo de serviço, de alguma forma, reforça o outro modelo adotado pela mesma empresa. No caso do Best Buy, por exemplo, dois modelos partilham o mesmo espaço (façanha difícil de realizar), o que além de tudo permite economia de escala no gasto com instalações.

Essa estrutura é conhecida como *serviços partilhados*. É o mesmo processo que permite os bons resultados e o crescimento da agência de publicidade Cline Davis & Mann (CDM), especializada em instituições de saúde.

Consistência, estilo, convicção e elegância

Desde sua fundação em 1984, em Nova York, a CDM enfrentou períodos árduos. Em 1997, quando tornou-se parte do grupo Omnicom, a agência reunia 141 colaboradores e gerava US$ 30 milhões. Na década seguinte, o quadro de funcionários passou para 876 pessoas e a receita multiplicou-se por seis.[6]

Nessa época, a fórmula de crescimento da CDM se baseava na estratégia de "reter os melhores talentos e conquistar as melhores oportunidades do mercado", revela Ed Wise, presidente da empresa e do conselho gestor do CDM Group. "O maior desafio no mundo das agências é que os melhores talentos sempre emergem com muita velocidade. Se perguntarmos a essas pessoas qual o seu sonho, em geral ouvimos a mesma resposta: 'Meu sonho é ser dono de minha própria agência'."

A CDM capitalizou esse desejo e decidiu crescer por meio da disseminação de agências menores dentro da mesma estrutura, entregues ao comando de seus melhores profissionais. A CDM Princeton constitui um exemplo, e na essência tratava-se de um esforço de três pessoas para se dedicar ao máximo ao relacionamento com um único cliente, em uma área geográfica determinada. Um ano depois, a CDM abriu a CDMiConnect, grupo interativo de marketing de relacionamento, também configurado ao redor da atuação de três profissionais. Segundo Carol DiSanto, atual presidente do CDM Group, "aquela reprodução de agências resultou no que muitos consideram o mais completo portfólio de práticas de marketing voltadas para o serviço de saúde em todo o mundo".

Em 2006, a complexidade de gerenciar a infraestrutura (instalações, finanças, recursos humanos e tecnologia da informação) de todos os tentáculos do grupo levou a CDM a rever essa abordagem. Até aquele momento, a supervisão desses aspectos cabia aos líderes de cada unidade, o que resultou em ampla disparidade de desempenho, duplicidade de esforços e subutilização de recursos. A gestão de operações também não era uma atribuição que encantasse os executivos (aqueles mesmos publicitários que um dia sonharam em ter uma agência própria), que preferiam se ocupar em atender clientes.

Por isso, a CDM resolveu apostar em algo novo. O primeiro passo foi recrutar executivos especializados (em finanças, recursos humanos e sistemas de informação) para gerenciar as funções internas. Todos estavam subordinados à CDM de Nova York e tinham como incumbência identificar formas de otimizar os recursos de cada unidade em benefício do grupo.

O passo seguinte foi bastante exigente – retirar as tarefas administrativas das agências e transferir aos novos executivos a total autoridade para controlá-las. Na realidade, o desenvolvimento de negócios, as instalações, as finanças, a formação e a tecnologia da informação agora eram regidos por uma "central", e as agências individuais funcionavam como clientes. Tudo isso começou em 2008 e os profissionais responsáveis por essas atribuições não eram mais funcionários específicos de nenhuma agência, reportando-se diretamente aos superiores do grupo.

Cabiam às agências todas as decisões relacionadas com os clientes, ou seja, os aspectos criativos, orçamentos, estratégias e questões médicas ou científicas. Na concepção da CDM, tentar centralizar alguma dessas atribuições só prejudicaria os objetivos. Se seguissem esse caminho, a força e eficácia das marcas individuais começaria a ruir.

A empresa também queria evitar o surgimento de novas camadas de executivos com *status* superior ao dos profissionais que lidavam diretamente com os clientes, mas era preciso agir com equilíbrio calculado. A CDM tinha a dolorosa consciência de que as iniciativas de serviços partilhados muitas vezes fracassam porque os líderes das unidades de serviços internos não têm o *status* ou a capacidade de liderança necessários para conduzir mudanças complicadas, porém vitais para a organização. A empresa também percebeu que esses novos gerentes de operação tinham de, necessariamente, ser ótimos em seu trabalho – precisavam demonstrar a competência de profissionais que talvez as agências não conseguissem contratar por conta própria.

Segundo DiSanto, os executivos imediatamente justificavam sua existência identificando o que poderia ser aperfeiçoado, tanto em termos de redução de custos como de criação de novas oportunidades. "Para nós, seria impossível capturar o ganho [dessas novas oportunidades] a não ser por meio da imposição de um nível maior de centralização em nossa empresa."

Um exemplo simples foi o caso dos e-mails, aspecto no qual todas as unidades de negócios da CDM identificaram possibilidade de redução de custos, melhora do desempenho e maior eficiência, por meio da centralização da comunicação em uma plataforma comum. Mas, conforme as oportunidades ficaram mais complexas, os gerentes de serviços partilhados conseguiram mostrar com clareza o valor da mudança.

Nas finanças, por exemplo, o novo responsável implantou um série de novas ferramentas criadas para administrar a rentabilidade das unidades. Um desses recursos destinava-se a monitorar a utilização das próprias ferramentas financeiras, e teve o impacto imediato de elevar o uso em setores essenciais de uma média de 76% para mais de 85% em menos de seis meses.

A iniciativa de serviços partilhados da CDM conseguiu ser bem-sucedida onde muitas outras empresas fracassaram. Em nossa opinião, o que fez a diferença foi o foco em chegar a um desempenho melhor, e não apenas em cortar custos. No início as agências apresentaram alguma resistência interna, logo extinta quando os líderes das unidades começaram a vislumbrar as vantagens. Em vez de lamentar a perda de controle, eles começaram a ver a mudança como uma libertação e, em pouco tempo, passaram a fazer uma pergunta que animou a central de Nova York – "O que mais pode ser retirado da minha incumbência para que eu possa cuidar melhor dos meus clientes?" Todos ficaram aliviados por não ter mais de se preocupar com as minúcias dos planos de saúde ou com os detalhes da segurança do escritório.

Ao citar o compromisso da CDM em trazer pessoas de talento para o grupo e dar a esses profissinais o espaço de ação necessário, DiSanto acredita que o modelo de serviços partilhados tem coerência com a crença essencial da empresa. "Ao centralizar uma série de áreas funcionais, atraímos talentos que nossas unidades não tinham como contratar e pudemos aproveitar esse alto nível de habilidade em benefício de todo o grupo."

Além disso, cada unidade também podia se beneficiar dos esforços de recrutamento das demais. Isso é especialmente importante no que se refere a profissionais temporários ou recursos de contingência, que em geral demandam um gasto elevado. Em geral, nesse grupo estão as pessoas que acompanham ou reorganizam a exposição no varejo, que funcionam como "embaixadores de marca" em pontos de venda ou que fazem a distribuição de amostras em eventos.

Ao mesmo tempo em que a qualidade do serviço da CDM aumentou, os custos também caíram. A criação de uma estrutura comum, mas de alto desempenho, permitiu medidas como a redução da folha de pagamentos, a otimização no aproveitamento de soluções tecnológicas e a negociação coletiva dos contratos com *headhunters*. No entanto, a redução das despesas não era o principal foco desses esforços, uma vez que o objetivo da CDM estava em reduzir a complexidade das operações da agência e, assim, elevar o valor oferecido aos clientes.

O grupo criou uma *holding* à parte para tanto, o que não constitui a única opção estrutural. No início, a CDM procurou uma saída "livre de marcas" para essa nova configuração. Não queria que cada agência fosse um clone da matriz, mas também desejava que houvesse um núcleo consistente. Os valores que a empresa mais prezava eram consistência, estilo, convicção e elegância, origem da sigla que designava o conjunto de serviços partilhados (SSCG, derivada dos termos em inglês *substance, style, conviction* e *grace*). A *holding* acabou adotando o nome de CDM Group, em parte para aproveitar a força da marca e também para ampliar as opções estratégicas (além de fugir da necessidade de explicar o que significava aquele monte de consoantes).

No primeiro ano, os custos do CDM Group, com exceção da remuneração dos diretores, foram distribuídos mensalmente de acordo com o perfil de lucros e ganhos de cada agência e com sua porcentagem do número total de funcionários. Esta não foi uma escolha acidental, da mesma forma como as opções que vieram em seguida. Segundo Ed Wise, "para avaliar o que poderia fazer sentido, analisamos as funções nas quais todas as partes pudessem se beneficiar do ganho em escala geral". Assim, a CDM logo identificou outra forma de abordar os serviços partilhados: um mecanismo para dividir as descobertas e o aprendizado de todas as agências. Chamamos isso de *economia de experiências*. A CDM avaliou a própria *holding* à qual pertencia, a Omnicom, para conseguir colocar essa estratégia na prática, e foi aí que tudo ficou bem mais interessante.

Economia de experiências

A Omnicom havia desenvolvido uma estratégia centralizada para partilhar o conhecimento até então detido por suas empresas ou alguns de seus profissionais. As pessoas de melhor desempenho na rede Omnicom são chamadas para um programa de treinamento de uma semana de duração. Em geral promovido no campus de alguma universidade, inclui sessão de treinamento intensivo que se estende da manhã até a noite.

Como amostra de seriedade da Omnicom na busca da economia de experiências, os alunos da "Omnicom University" são encarregados de um projeto de pesquisa a ser concluído no decorrer de um ano. Caso sejam bem-sucedidos ao apresentar o que foi solicitado, voltam para outro treinamento, dessa vez com duas semanas de duração, um ano depois. Os resultados das pesquisas são apresentados, aprovados e então consolidados por uma dupla de profissionais: "os dois Dans". Dan Maher e Dan O'Brien, a melhor equipe de consolidação de estudos de caso que já vimos, constituem uma parte essencial da partilha de conhecimento na Omnicom. Os casos, então, se transformam na base para o currículo no ano seguinte. Faculdades das melhores instituições de administração são chamadas para desenvolver o conteúdo, e o ponto de partida são as lições baseadas especificamente no universo da Omnicom. Um dos executivos que supervisiona esse processo é o vice-presidente da *holding*, Tom Watson, fundador da Omnicom University.

O modelo inspirou o CDM Group na evolução de sua estratégia e de seu modelo de negócios. O grupo cada vez mais desempenha um papel importante na construção de times cooperativos que atuam em todos os modelos de serviço. Um cliente médio, hoje, é atendido por três a cinco empresas do CDM Group. Assim, além de ampliar a economia de escala e a experiência de suas próprias agências, o grupo também orienta os clientes a se beneficiar de forma mais direta dessas vantagens. A visão de futuro de Wise, na realidade, se baseia na teoria de que as agências CDM devem ser "bastante colaborativas" entre si. Ele recorre ao conceito do iPhone para exemplificar: "Precisamos de uma interface elegante que permita aos nossos clientes uma excelente experiência de usuário, com acesso impecável a todas as nossas possibilidades. Por isso, não somos uma mera reunião de iniciativas isoladas, mas um organismo completo, integrado e eficiente". Ele acredita que essa visão é uma extensão natural da reorganização que levou aos serviços partilhados.

Identificar as economias de experiência entre as marcas da CDM constitui o atual objetivo dos esforços de Wise. Para isso, ele montou uma equipe de treinamento e de aprendizado ligada aos líderes de cada agência. Nesse chamado "Projeto Colaboração", a equipe recebeu a incumbência de compartilhar aprendizados e estender as lições para suas unidades. Juntos, os integrantes do projeto desenvolveram um modelo de coordenação apresentado para toda a rede CDM em 2011.

Exemplos desse modelo de treinamento centralizado também ocorrem em outras empresas. Porém, de acordo com nossa experiência, a Omnicom e o CDM Group destacam-se pela intensidade de seu compromisso em partilhar o conhecimento em uma rede mais ampla. O único outro modelo desse nível que conhecemos é a lendária Crotonville, centro de aprendizado corporativo da General Electric. Crotonville talvez entre para a história como a única iniciativa de treinamento corporativo a atingir visibilidade suficiente a ponto de inspirar uma paródia na televisão, no caso a série *30 Rock,* protagonizada pela atriz Tina Fey.

Crotonville conseguiu seu lugar de destaque. O modelo permitiu que a GE se tornasse líder na implantação de uma economia de escala e de experiências, incluindo mercados internos que envolvem concorrência, responsabilidade e transparência. Jack Welch, o cada vez mais icônico ex-presidente da empresa, acreditava na solução de problemas por unidades e por meio das camadas organizacionais, e por isso o talento levado para Crotonville veio de todos os níveis da empresa. A decisão nítida de transferir o conhecimento aproveita a experiência dos modelos de serviço, como a partilha oficial das melhores práticas, a centralização do treinamento dos funcionários e a rotatividade dos gerentes entre os vários modelos. A filosofia predominante na GE sempre defendeu que, se uma unidade individual contribui para gerar valor para as demais, permanece no portfólio da empresa. Caso a unidade não ofereça alguma contribuição para além de suas fronteiras, é hora de pensar em descontinuá-la.

O setor de *fast food,* em específico, parece se beneficiar dessa abordagem. A Yum Brands hoje é dona de cinco marcas conhecidas: Pizza Hut, Taco Bell, KFC, Long John Silver e a A&W, todas ocupando espaço concorrencial bem próximo umas das outras no universo da comida rápida.

No passado, três delas (Pizza Hut, Taco Bell e KFC) pertenciam à Pepsi, mas funcionavam com estrutura bem oposta à exemplificada como estrutura de serviços partilhados. Além da inexistência de qualquer ganho proporcionado pela coexistência sob o mesmo "guarda-chuva", elas competiam entre si de maneira bastante improdutiva. Os executivos à frente de cada marca não poupavam esforços para superar os "coirmãos" ou até mesmo para inviabilizar sua permanência no setor de *fast food*, considerado o "primo pobre" dentro da Pepsi. A animosidade contaminava inclusive a disputa por pontos comerciais, elevando os aluguéis para todos. Como era de se esperar, o desempenho deixava a desejar e as marcas finalmente acabaram desligadas do grupo.

E é aqui que a trajetória dos serviços partilhados fica mais interessante. No primeiro dia após a criação da *holding* Yum Brands, o presidente David Novak apresentou um modelo que visava garantir que, enquanto organização, o grupo usasse as três marcas para vender comida boa e para melhorar a presença de mercado mutuamente. Sob a Yum Brands, o Taco Bell, por exemplo, seria melhor do que o Taco Bell atuando isoladamente.

Em termos de economia de escala, por exemplo, a Yum Brands rapidamente tornou-se um dos maiores compradores de queijo do planeta. A imensa economia de experiência surgiu da busca de caminhos eficientes para lidar com as franquias. Uma dessas técnicas tratava dos requisitos para o abastecimento das lojas. Outras redes alimentícias pertencentes a grandes franqueadores insistem em concentrar o fornecimento de suprimentos, mesmo quando é mais vantajoso para o franqueado mandar alguém ao supermercado mais próximo a fim de encher uma van de insumos. Na Yum Brands, os franqueados podem comprar suprimentos em grupo ou por conta própria.

Mas o fato de 95% deles confiarem no processo da *holding* testemunha a favor da qualidade e do valor dos serviços partilhados oferecidos pela empresa.

Serviços partilhados na Zappos

Em 2006, a Zappos percebeu que os sapatos da coleção atual e da anterior muitas vezes apareciam lado a lado quando um cliente fazia uma busca. Isso valia sobretudo para os tênis de corrida, cujo estilo muda muito pouco de uma estação para outra. Alfred Lin, responsável pelas operações, relembra: "Estávamos oferecendo calçados do ano anterior ao lado dos atuais, mas os modelos antigos custavam 20% menos. Isso estimulava os clientes, inclusive os mais ligados em novidades, a comprar sapatos do ano anterior. Tivemos então de separar os clientes que valorizavam o serviço daqueles que valorizavam sobretudo os preços".

Em 2007, a Zappos anunciou a compra da 6pm.com, loja *online* que vendia sapatos, roupas e acessórios a preços convidativos. Também foi anunciada a transferência da sede da empresa de Denver para Las Vegas. Havia um projeto de integração para isso: a 6pm.com passaria a integrar a família Zappos, mas mantendo uma identidade à parte, com base de clientes e modelo de serviço específicos.

Quase 90% das marcas vendidas pela 6pm.com já eram comercializadas na Zappos, mas isso não constituía problema. O site voltado para consumidores de olho em pechinchas oferecia itens com 40% a 75% de desconto, cobrava o frete e concentrava o atendimento ao cliente sobretudo no envio de e-mails. Embora inferior ao da Zappos, o serviço ainda era melhor do que o de outros *outlets* eletrônicos.

Mas por que crescer dessa maneira? A Zappos identificou alguns motivos para tanto, entre eles a possibilidade de conquistar uma legítima economia de experiência. Os funcionários da 6pm.com recebiam o mesmo treinamento dado os colaboradores da Zappos, com diferenciação para os termos e políticas específicos (por exemplo, o prazo para troca de produtos era de um mês e não de 365 dias, e o horário de funcionamento do *call center* era menor, no caso, de domingo a sexta-feira entre 9h e 17h). Mas a cultura – verdadeira vantagem da empresa-mãe – seria a da Zappos. "Qualquer pessoa que compete apenas no quesito valor não consegue fidelidade por muito tempo se seus preços não forem sempre os mais baixos", declarou Tony Hsieh.

A sinergia estrutural não se limitou a dividir algumas funções internas, como o treinamento de novos funcionários. Além de permitir que a Zappos tivesse acesso a clientes que se norteiam pelo preço, a 6pm.com também proporcionou um mecanismo para "desovar" mercadorias fora de coleção ou de estações passadas – o que permitiu à Zappos fechar quase todas as suas lojas de varejo (com exceção de uma). A empresa descobriu que, em menos de um mês, a 6pm.com podia vender o que todos os *outlets* da Zappos vendiam em um ano. Com a 6pm.com funcionando como canal de escoamento para a varejista *online*, todos saíram satisfeitos.

Mas essa aquisição não foi a primeira tentativa da Zappos de construir novos modelos de serviço com base em ativos e serviços partilhados. A empresa já tinha criado novos modelos que alavancavam sua capacidade de atendimento. Em 2000, a empresa implantou o Powered By Zappos (PBZ), unidade de negócios *business-to-business* que controlava os sites de outras organizações. O PBZ administrava o estoque do cliente, cuidava do envio e operava os *call centers*, em um nível de horizontalização que um cliente chamou de "serviço de *e-commerce* de ponta a ponta". A Zappos chegou a se definir como *"ghost writer* dos websites". Além de fortalecer sua capacidade de atender, o PBZ ajudou a elevar o retorno sobre o investimento da empresa na construção de depósitos no Kentucky, além de gerar maior economia de escala pelas operações de embarque. Em 2009, a Zappos, via PBZ, operava sites que variavam da fabricante de sapatos Clark à Lego.

A Zappos também encontrou um caminho para atingir economia de experiência para além das fronteiras de suas próprias unidades de negócios. A Zappos Insights é um recurso *online* de acesso restrito desenvolvido em 2009 em resposta à inundação de consultas de empresas desejosas de reproduzir o sucesso da varejista de sapatos. O site disponibiliza vídeos com entrevistas com gestores da empresa, artigos e outros recursos, a fim de proporcionar aos clientes acesso à história do fenomenal crescimento da Zappos, ao custo de uma taxa mensal de US$ 39,95.

Varejo *premium*, serviços de TI, treinamento intensivo. À primeira vista (e para um enorme contingente de

> usuários), essa mistura de setores e de ofertas pode parecer confusa. Para a Zappos, porém, faz todo o sentido do mundo.

Vale frisar que modelos como esses são diferentes das estruturas de conglomerados que surgiram aos montes nos anos 1980 para desaparecer na década seguinte. Aquelas estruturas nada mais eram do que uma forma encontrada pelas corporações para proteger suas apostas – algo como abrir o guarda-chuva e, ao mesmo tempo, usar protetor solar. As empresas se viam dentro de um mesmo grupo, mas se beneficiavam muito pouco dessa condição.

Os modelos de serviços partilhados que deram bons resultados na CDM, Yum Brands e Zappos reúnem marcas distintas sob um mesmo guarda-chuva, mas não apenas para que o fracasso de uma seja compensado pelo sucesso das outras. Nesses modelos, as diferentes marcas reforçam umas às outras – e fortalecem a experiência do serviço prestado aos clientes. Mais uma vez, a vantagem vem sobretudo de economias de escala e de experiência que tanto reduzem os custos como elevam a qualidade.

A "aglomeração" ocorrida na década de 1980 não trouxe qualidade para essa equação. Os conglomerados surgiram com a promessa de redução de custos, mas suas estruturas muitas vezes sacrificavam as unidades de serviço em nome da contenção de gastos, em geral comprometendo a qualidade. Para piorar a situação, eram comandados por executivos que pressionavam as unidades de negócios a serem provedoras umas das outras, internamente, o que assustava os gestores e não proporcionava incentivos para o crescimento. Qual o resultado? Algumas unidades internas dos conglomerados se revelaram piores do que seriam se continuassem sob comando próprio. Como o observador atento logo descobriu, isso significava que o conjunto valia menos do que a soma das partes.

Na prática

Quando estudamos os casos, alguns dos que adotaram o modelo de serviços partilhados tinham tanto sucesso (e tudo o que faziam parecia tão sensato) que não conseguimos entender o motivo de tão poucas empresas obterem resultados similares. Ao avaliarmos o processo mais de perto, porém, encontramos dois obstáculos organizacionais que várias vezes destruíram o sonho dos serviços comuns: a capacidade para estabelecer os limites e a baixa qualidade dos serviços.

Árdua tarefa

A primeira barreira está na dificuldade prática e política em responder às seguintes perguntas: onde estão os seus limites? Quais recursos e atribuições permanecem na unidade e quais podem ser agregados em nível corporativo e ficar sob o manto de serviços partilhados?

É da natureza humana querer controlar ao máximo o próprio destino, e entre os gerentes de marca em ascensão, esse desejo torna-se quase uma compulsão. Quando tais profissionais finalmente recebem em suas mãos o controle de despesas e receitas, almejam a responsabilização total. Querem o controle completo sobre os custos e as decisões – quem é demitido, qual o salário pago para quem entra na empresa, quais os sistemas a adotar, quais fornecedores e consultores contratar. As pessoas responsáveis pelas unidades de negócios dificilmente querem abrir mão de atribuições.

Já os profissionais que gerenciam os serviços partilhados, por outro lado, desejam o contrário. Também apreciam exercer algum controle sobre o valor gerado, mas uma empresa não consegue economia de escola a não ser que todos atuem em harmonia. Não é possível obter economia de experiência sem aprender com os outros e por isso, mais uma vez, é preciso contar com a participação de todos – o que vale para uma ampla gama de funções operacionais.

O cabo de guerra entre gerentes de unidades e gestores de serviços partilhados é natural, e até poderia gerar uma tensão positiva não fosse um aspecto: na maioria das organizações, não se trata de uma disputa igualitária. Quem comanda as unidades de negócios tende a deter mais poder organizacional do que os responsáveis pelos serviços partilhados. Não estamos afirmando que esses profissionais merecem ou não tal poder, mas em geral desfrutam de maior visibilidade. Com frequência, eles construíram suas carreiras a partir de atribuições que envolvem o contato com clientes, e a persuasão constitui um instrumento comum para sua forma de ganhar a vida. Também não ajuda o fato de os gerentes de unidade controlarem as receitas, enquanto os responsáveis pelos serviços partilhados comandam os custos. Na maioria das organizações, no confronto entre esses dois fatores, a receita tende a ganhar. A FedEx é uma empresa que parece apresentar equilíbrio entre ambos os grupos gerenciais, mas trata-se de uma exceção. Qual a situação de sua empresa? Uma avaliação rápida que costumamos fazer é: quem está na fila para ser o próximo presidente? Qual o plano de sucessão? Se todos os candidatos pertencem ao grupo dos gestores de unidade e não há um único representante entre os administradores dos serviços partilhados, são poucas as chances de uma disputa justa.

É nessa hora que a liderança forte faz a difrerença. Na Yum Brands, por exemplo, o líder do Taco Bell jurava que precisava de um sistema de tecnologia de informação próprio para manter as vantagens únicas da marca. Se o Taco Bell ganhasse o que estava reivindicando, o limite dos serviços partilhados seria definido em um patamar bastante baixo, enfraquecendo as vantagens de pertencer à Yum Brands (sem falar na inevitável discussão do tipo "se eles têm um sistema próprio, por que não podemos ter um também?"). Foi quando o presidente David Novak entrou em cena de forma assertiva, acabou com a disputa e definiu exatamente qual era o limite. Novak é uma pessoa muito gentil, mas todos os que trabalham com ele sabem que costuma agir com firmeza em situações como essa.

Não chegamos ao ponto de afirmar que uma liderança de destaque é essencial para o funcionamento de um modelo de serviços partilhados, mas, empiricamente, em todos os exemplos de sucesso encontramos líderes dispostos a tirar o conforto das pessoas que detêm algum poder. E quando os "agentes do poder" recuam, os líderes assumidamente mantêm sua posição. Alguns fazem isso com um sorriso, outros com o semblante sério e outros, ainda, com total desinteresse pela aprovação alheia. Mas todos determinam os limites com firmeza. Em teoria, seria possível atingir o mesmo resultado por meio da persuasão e da formação de consenso, mas nunca vimos isso acontecer. Portanto, se acontecer de você se envolver em uma disputa sobre a questão dos serviços partilhados com os mandachuvas de sua empresa, talvez seja preciso assumir o papel de sargento linha-dura para dominar a situação.

A propósito, um setor da economia que curiosamente não conseguiu traçar esse limite é bastante conhecido pela liderança forte: o mundo militar. Um oficial responsável por gerir os serviços partilhados certa vez nos confidenciou: "Nós disputamos limites, no caso, com o Exército, a Marinha, a Aeronáutica e o corpo de fuzileiros navais. Como uma disputa assim pode ser justa? Eles sempre ganham!". Assim, cada área das forças armadas tem seus próprios programas de gestão de pessoas, procedimentos para lidar com fornecedores e sistemas para administar aspectos como seguros e planos de saúde. Se olharmos com cuidado, portanto, observamos que um grande potencial no que se refere à redução de custos e partilha de conhecimento permanece adormecido dentro das empresas e de outras organizações.

Baixa qualidade

O segundo fator, igualmente danoso para o processo de partilha de serviços, ocorre quando o serviço prestado não tem qualidade e, ainda assim, os clientes internos são obrigados a comprá-los. Essa condição rendeu fama negativa para o sistema de serviços partilhados e nos faz lembrar do fracasso dos conglomerados que surgiram na década de 1980. Daí a tendência de as pessoas associarem "serviços partilhados" com "mediocridade compulsória".

É claro que não defendemos isso. Acreditamos que a partilha de serviços seja uma parte essencial para o crescimento com excelência e para a transformação de um modelo bem-sucedido de serviço em uma empresa dinâmica e crescente, capaz de oferecer valor excepcional por meio de modelos variados. Segundo nossa experiência, esse projeto é mais viável do que as pessoas costumam pensar, mas, para chegar lá, é preciso estabelecer uma relação com a realidade que às vezes se revela um pouco cruel.

Escrevemos este capítulo (e este livro, na verdade) para ajudar as pessoas a pensar nesse tipo de condição com um pouco mais de conforto.

ASPECTOS IMPORTANTES

✓ Basicamente, existem duas escolhas quando se trata de crescimento: fazer mais do que já é feito atualmente ou iniciar coisas novas. Em nosso conceito, a primeira opção significa ampliar o atual modelo de serviço, enquanto o início de uma atividade inédita requer a construção de novos modelos de serviço.

✓ Se você optar por ampliar o modelo de serviço atual, primeiro terá de saber controlá-lo, o que implica ampliar a padronização. A maioria das empresas, pelo que descobrimos, precisa abrir mão de certa dose de flexibilidade diante das necessidades de alguns clientes, se quiser mesmo ampliar a operação. Mas isso não significa que a qualidade geral tenha de ser sacrificada. Há várias estratégias que desafiam o *trade-off* esperado entre operações padronizadas e nível de serviço oferecido ao cliente.

✓ Um modelo alternativo de crescimento envolve a empresa multifocada, na qual diversos modelos de serviços são otimizados para segmentos operacionais específicos, cada um deles bom ou ruim em determinados aspectos. Esses modelos em geral se manifestam na forma de outra marca (como é o caso da Armani/Exchange, por exemplo) ou em unidades de negócios à parte. Do ponto de vista estrutural, a empresa multifocada constitui uma plataforma de serviços partilhados na qual os modelos múltiplos compartilham no mínimo os mesmos serviços internos.

✓ As empresas obtêm êxito quando os modelos de serviço individuais criam algum tipo de benefício para todos, seja na economia de escala ou de experiência. Em geral, as organizações que conseguem atingir economias de experiência sabem dividir e impulsionar o conhecimento por todos os modelos.

✓ Dois obstáculos impedem o funcionamento de uma empresa multifocada: o primeiro é a falta de disposição política para estabelecer o limite das atribuições – quais serão partilhadas e quais permanecerão dentro do controle dos modelos atuais. A segunda barreira está na decisão de impor uma qualidade sem competitividade ou a preços inadequados para os consumidores internos.

Conclusão

Um aspecto enlouquecedor da prestação de serviços é a possibilidade de mentir para si mesmo. Todos podem acreditar que são excelentes em alguma coisa, fingir que o problema está no quadro de funcionários, ou que os clientes não vão perceber eventuais falhas no atendimento oferecido. O custo dessa situação não é o fracasso – ao menos, não no início –, mas sim uma mediocridade insatisfatória.

O antídoto para isso é a honestidade. O caminho para uma prestação de serviços excepcional passa diretamente, e algumas vezes de forma dolorosa, pelo espelho. Nosso objetivo ao escrever este livro está em ajudar o leitor a encarar o próprio reflexo e saber avaliar a si mesmo e a sua empresa. Se você ainda não desistiu até este momento, temos uma expectativa otimista em relação a sua capacidade de promover a excelência.

Claro que é mais fácil para nós, meras observadoras, apontar tudo isso sem piscar os olhos, mas existe um motivo consistente para convidá-lo a fazer tal análise. Depois de estudar o design e a cultura de inúmeras organizações, sabemos que as possíveis descobertas tendem a ser positivas: colaboradores dispostos a melhorar o atendimento, clientes prontos para fazer a sua parte, e uma estrutura que pode, sim, ser transformada rapidamente.

E não estamos falando apenas de empresas. Em 1995, quando Carlos Rodriguez-Pastor deixou os Estados Unidos e voltou ao Peru para comandar os negócios de sua família, uma financeira chamada Interbank, conseguiu identificar os aspectos fracos da empresa (e do país) com maior clareza. Porém, para todas as partes onde olhava, também via potencial de crescimento. O empreendedor identificou espaço para a criação de uma prosperidade sem precedentes em uma nação que ainda lutava, à sua maneira, para combater a pobreza e a instabilidade econômica.

Rodriguez-Pastor apostou no futuro do Interbank e do Peru por meio da construção de um império de prestação de serviços, que inclui de mercados a seguradoras e escolas, todos fonte de excelência para a classe média emergente no país. O portfólio de US$ 8 bilhões do Interbank Group se inspira nos líderes mundiais de prestação de serviço, e o incrível desempenho se baseia na comparação implacável entre as empresas do grupo e as melhores organizações do planeta. O resultado? Hoje, o Interbank gera riqueza para mais de 30 mil funcionários, que, por sua vez, propulsionam a riqueza da nação.

Segundo Rodriguez-Pastor, o "lema" informal do país já foi uma frase fatalista e restritiva: *Sí, pero* (algo como "sim, só que..."). O sonho do empreendedor consiste em trocá-lo pela filosofia afirmativa do *Sí, Perú*, ou "sim, Peru". E já aconteceram progressos extraordinários nesse sentido. Sem dúvida, o Interbank é a empresa com maior influência em uma economia em expansão, a ponto de seduzir os melhores cérebros peruanos a abandonar seus empregos em Nova York ou Londres para fazer carreira na terra natal.

Com a humildade de alguém que está em uma dimensão bem mais ampla do que o mero sucesso pessoal, Rodriguez--Pastor avança com calma. Sua impaciência por vislumbrar um novo Peru fica contida em uma cuidadosa combinação de palavras e atos, a começar pela determinação absoluta em não aceitar a mediocridade à sua volta. Ele faz questão da excelência, e essa escolha está modificando um país.

As pessoas costumam perguntar qual a hora certa para começar a agir. Aconselhamos a, antes de tudo, acreditar em uma realidade diferente, na qual pessoas comuns criem valor extraordinário para clientes dispostos a conquistar o mundo. Como Rodriguez-Pastor, é preciso crer na possibilidade e não ter medo da distância que a separa da realidade atual.

E, se você começar a duvidar de onde a aventura termina, por favor nos procure: vamos adorar contar mais um caso de prestação de serviço marcado pela excelência.

Índice

A&P 83
A&W 235
Amazon 80, 81, 82
ambulação precoce 142, 143, 144
Apple 32, 178
aquisições 12
  na Zappos 239
Ariely, Dan 202
Armani Exchange (A/X) 226, 246
Asda 70, 71

BBBK *ver Bugs Burger Bug Killers*
BeingGirl.com 170,
Best Buy 46, 225, 226, 227
Blockbuster 158, 159
Bowen, David ix
brainstorming 35, 92
Bugs Burger Bug Killers (BBBK) 11, 100
  controle de qualidade 114
  gestão de funcionários 100
  seleção 100, 101, 102
  treinamento 106
  vantagem competitiva 101
Burger King 213
Buy.com 82

call centers 78, 116, 202
  roteiros 116
  Verizon 122, 123
  Zappos 239
CDM *ver Cline Davis & Mann*

Celebrity Cruises 61, 63, 73, 121
celulares, telefones 25
Chefe Espião, O 134
Chez Panisse 120
Chipotle 213
Christensen, Clay ix
Citibank 223
Cleveland Clinic 121
cliente-operador 133,146, 152, 158, 161, 166
Cline Davis & Mann 228, 229, 230, 231, 232, 233, 234, 235, 240
Commerce Bank 10, 15
  controle de qualidade 107
  cultura
  escolha de *trade-offs* 18, 19, 57
  estratégia 15
  estrutura de custos 57
  desempenho 22
  oferta de serviços 104, 109
  relacionamento com clientes 19, 20, 24
  seleção 20, 105
  Toronto Dominion 57
  treinamento 107, 191
Condon, Pat 215
conglomerados 240, 241, 244
construção civil 33, 155
controle de qualidade 107,114
  na BBBK 114
  no eBay 152
conveniência 17, 22, 24,39, 43, 44

Cook, Scott 78, 170
correio 45,
Crotonville 235
cultura 175, 184
  do medo 187
  na IDEO 177, 178, 179
  na Ochsner Health System 181
  reforço 182
  valores conjugados 180
Dana, Roger 199
decisão, tomada de 28, 35, 137, 198
Delivering Happiness 187
Dell Computers 81, 140
desespero 224
Diferente – quando a exceção dita a regra ix
DiSanto, Carol 228, 229, 230, 231

easyHotel 66
easyJet 66
eBay 152, 158, 166
  cliente-operador 152, 153
  participação dos clientes 171
Edmondson, Amy 123, 181
Eliscu, Max 109
Elmendorf, Dirk 215,
empatia 102, 153, 156, 157
empresas aéreas 10, 65, 85, 91, 99, 109
  check-in automático 85, 86
  custos palatáveis 65
  reclamação dos consumidores 212
Encyclopedia Britannica 170
erro 28, 46, 151, 219
  reclamação dos clientes 168, 200, 212
  valores culturais 114
estágios do luto estratégico 222, 223, 224, 225

estrutura de custos 57, 156
  avaliação 88
ethos 176
ética 4, 197
exceção 29, 105, 134, 212, 242
excelência episódica 98

FedEx 45, 89, 90, 91, 242
Fey, Tina 235
Fire and Ice 87
First Union Bank 167
Fischer, Steven 167
Foley, Christa 192, 193, 194
Forbes, Glenn 197, 198
Four Seasons 30, 68, 210, 211
franquias 236
funcionários-estrela 103, 104

Gateway 80, 81, 82
Geek Squad 46
General Electric 235
gestão de desempenho 113, 121, 130, 144
  na BBBK 115
  na Magazine Luiza 120
  na Verizon 122
Giorgio Armani, lojas 226
gorjeta 119, 121

Heskett, Jim ix, 77, 141, 218
Hidden value: getting extraordinary results with ordinary people 181
Hill, Vernon 15, 16, 25, 58
Hotel Cipriani 30, 63, 209
Hsieh, Tony 79, 184, 185, 187, 194, 198, 199, 238
Hyatt Hotels 170

IDEO 177, 178, 179, 180, 181, 187
Ikea 51, 52, 53, 54, 55, 56, 57
  mapa de atributos 55, 56

incentivos 114, 119, 120, 121, 135, 152
Interbank 248
Intuit 78, 170

Jenkins, George 188
JetBlue 190, 191
Jones, Sean 116, 117, 119
Jonze, Spike 54

Kaiser Permanente 201, 202
Kamprad, Invar 51
Kelleher, Herb 212
Kelley, David 179
KFC 235, 236
Kiva 26, 27, 28, 29, 33
    mapa de atributos 28
Kroger 83

Lin, Alfred 79
linguagem corporal 193
Long, John Silver 235
LSQ Funding Group 11, 108, 109, 111, 112, 128, 151, 152, 158
    gestão da complexidade 108
    gastos com TI 109
Lucro na prestação de serviços ix, 78, 218
Lululemon 213
Lynn, Michael 119

MacBook Air 32
Magazine Luiza 11, 120, 153, 154, 155, 156, 162
Magnolia 226, 227
Maher, Dan 233
Management lessons from Mayo Clinic 197
mapa de atributos 23, 24, 28, 33, 35, 37, 38, 47, 55, 56
Mayo Clinic 197, 198

McAfee, Andrew 111, 113
McKinsey, consultoria 104
medo, cultura do 187
modelos financeiros 57
Moon, Youngme ix, 51, 53,
motivação 34, 100, 104, 106, 119, 120, 146
multa 68, 158, 161, 163
multifocada, empresa 222, 225, 245, 246

Napier, Lanham 215, 216, 27, 218
Neeleman, David 190
negação 223
Netflix 158, 159
Nightline 178
Novak, David 236, 243

O'Brien, Dan 233
O'Reilly, Charles 181
Ochsner Health System 10, 41, 42, 93, 181
    autoatendimento 93
    segmentos operacionais 43
Omnicom 228, 233, 234, 235
Orient Express Hotels 30, 209

padronização 209, 210, 211, 245
Pepsi 236
Petersen, Eric 214
Pfeffer, Jeff 181
Piccolotto, Renato 30
Piggly Wiggly 83
Pizza Hut 235, 236
Powered By Zappos (PBZ) 239
preços palátaveis 7, 62, 65, 66, 67, 80
    sensibilidade dos clientes 65
Procter & Gamble 170
programas de fidelização 69, 70, 194, 215

Progressive Insurance 73, 74, 146
  comparação de orçamento 77
proposta de valor 65, 77, 82, 147, 152, 163
Publix Super Markets 188

quatro verdades da excelência nos serviços 6, 7, 8

racionalização 223
Rackspace 214, 215, 216, 217, 218
rastreamento *online* 90
recuperação de doentes 141, 142
Rhodes, Jim 189
Rodriguez-Pastor, Carlos 247, 248, 249
roteiro de atendimento 116, 117, 118, 119, 122, 123, 198

Salesforce.com 111
Sasser, Earl ix, 77, 218
Satisfação garantida 187
Saunders, Clarence 83,
Schein, Edgar 180, 181, 202, 205
Schlesinger, Len ix, 77, 218
Schneider, Benjamin ix
segmentos operacionais 36, 37, 38, 43, 45, 46, 245
  na Ochsner 43
seguro de carro 72, 75, 76, 89, 146, 154
  fraudes 73, 74
Seinfeld 249
self-service 83, 84, 85, 86, 87, 88, 93, 95, 135, 139, 151,173
serviços gratuitos 94
Sewell Automotive195, 196, 197, 198
Sewell, Carl 197

Shouldice Hospital 141, 142, 162
  seleção de clientes 144, 145, 147
  treinamento de clientes 142, 143
Southwest Airlines10, 176, 177, 212, 213
  mapa de atributos 23
  preços 22
  seleção 102
Spence Diamonds 116, 117, 118, 119
Spence, Doug 117
Spirit Air 66, 67
Stallard, Joe 195, 196
Starbucks 64, 147, 148, 149
  clientes 184

Taco Bell 235, 236, 243
Tesco 71
Threadless 171
Toronto Dominion 57
Toyota 168, 183, 220
Trajano, Luiza Helena 156
Tucker, Anita 221

US Airways 65, 67

Verizon 122, 123, 202
Volvo 32

Walmart 23, 24, 25, 33, 46, 47
  mapa de atributos 24
Wasden, Mitch 181
Washington Post 164, 165
Waters, Alice 119
Watson, Tom 234
Welch, Jack 235
Wikipedia 170
Winning the service game ix
Wise, Ed 228, 232, 234

Yum Brands 235, 236, 240

Zappos 12, 80, 199
   aspectos culturas 183, 184,
   186, 187
   call center 109,198
   experiência *premium* 69
   rotatividade 185
   serviços partilhados 237, 238
   treinamento 107, 108, 192
Zappos Culture Book 186
Zara 32
Zipcar 159, 160, 161, 162

Notas

Agradecimentos

1. James L. Heskett, W. Earl Sasser Jr. e Leonard A. Schlesinger, *Lucro na prestação de serviços – como crescer com a lealdade e a satisfação* (Ed. Campus, 2001).

2. Christensen, Clayton, *O dilema da inovação – quando novas tecnologias levam empresas ao fracasso* (Makron Books, 2001).

3. Youngme Moon, *Diferente – quando a exceção dita a regra* (Ed. Best Business, 2011).

Introdução

1. No caso da Southwest, temos especial preocupação com a recente fusão da empresa com a AirTran, uma vez que parece difícil imaginar como modelos de serviços tão díspares podem se associar de forma harmônica.

Capítulo 1

1. Para conhecer uma ótima discussão sobre a estratégia geral do Walmart, recomendamos o artigo de David Collis e Mike Rukstad, "Can you say what your strategy is?", publicado na *Harvard Business Review* em abril de 2008. Esse artigo utiliza os mapas de estratégia criados por Jan Rivkin. Em todo o mundo, vimos a comprovação do conceito de Rivkin, excelente professor e colega generoso. Nós, e muitas outras pessoas, torcemos por ele.

2. Para vários outros exemplos sobre regras que desafiam um setor, consultar o bom (e divertido) artigo de Gail McGovern e Youngme Moon, "Companies and the customers who hate them", publicado na *Harvard Business Review* em junho de 2007 (págs. 78-84).

3. Youngme Moon, "IKEA invades America", caso 9–0504-094 (Harvard Business School, 2004).

4. Para uma descrição das numerosas semelhanças entre o Commerce Bank e o Metro Bank, ver artigo de Shawn Tully, "Vernon Hill is the best damn banker alive (just ask him)", *Fortune,* 15 de setembro de 2010, http://finance.fortune.cnn.com/2010/09/15/vernon-hill-isthe-best-damn-banker-alive-just-ask-him/.

Capítulo 2

1. Micheline Maynard, "At least the airsickness bags are free", *New York Times,* 17 de agosto de 2008.

2. James Heskett e Earl Sasser, *Achieving breakthrough value* (Harvard Business School, 2003), conjunto de quatro CDs hoje fora de circulação.

Capítulo 3

1. O material sobre a BBBK foi extraído do estudo de William E. Fulmer, "Bugs Burger Bug Killers, Inc. (A)", caso 9-694-018, utilizado pela Harvard Business School com a autorização do autor. As fontes de Fulmer são os artigos de Tom Richman, "Getting the bugs out", *Inc.,* de junho de 1984; Annette Kornblum, "Bugs Burger", *Pest control,* novembro de 1980; e de Joan Livingston, "Absolutely guaranteed", *Nation's Business,* de novembro de 1987. Todas as referências foram extraídas desse estudo de caso.

2. Este é um conceito simplificado, extraído do livro de Atul Gawande *Checklist – Como fazer as coisas benfeitas* (Editora Sextante, 2011). Segundo o autor, a simples incorporação de uma medida básica, como as listas de checagem, pode fazer uma grande diferença.

3. Michael Lynn, "Restaurant tipping and service quality", *Cornell Hotel and Restaurant Administration Quarterly*, de fevereiro de 2001.

Capítulo 4

1. Ou seja, essa condição não se sustenta – a não ser que sua empresa decida cobrar um extra imenso, como é o caso do Hotel Cipriani. Os dados sugerem que este *premium* deve ficar por volta de 50% a mais do que os valores cobrados pelo concorrente mais próximo.

2. James L. Heskett, "Shouldice Hospital Limited", caso 9–683-068 (Harvard Business School, abril de 1983).

3. Spike Feresten, "A sopa do nazista", episódio da série *Seinfeld* exibido pela primeira vez em 2 de novembro de 1995.

4. Dennis Campbell e Frances X. Frei, "Cost structure, customer profitability and retention implications of self-service distribution channels: evidence from customer behavior in an online banking channel", *Management Science*, janeiro de 2010.

5. http://www.zipcar.com/how/faqs/one-faq?faq_number=48.

6. http://www.zipcar.com/about/.

7. Joseph N. DiStefano, "First Union develops financial heartburn", *Philadelphia Inquirer*, 15 de agosto de 1999.

8. O que levou a empresa geradora desse tipo de inovação aos desastrosos incidentes de 2009 é material para outro

livro, mas, em uma análise curta, acreditamos que houve uma transferência de foco – da melhoria para o crescimento. A melhoria constante era item presente na mente de funcionários, parceiros e clientes da empresa, e se manifestou em rápida expansão. A Toyota aprendeu, então, que o foco no crescimento nem sempre resulta em mudança para melhor.

9. Scott Cook, "The contribution revolution: letting volunteers build your business", *Harvard Business Review,* outubro de 2008, 60-69.

10. Karim Lakhani e Zahra Kanji, "Threadless: the business of community", caso 9–608-707 (Harvard Business School, 2008).

Capítulo 5

1. James L. Heskett, "Southwest Airlines 2002: an industry under siege", caso 9–803-133 (Harvard Business School, 2003).

2. Stefan H. Thomke e Ashok Nimgade, "IDEO product development", caso 9–600-143 (Harvard Business School, 2007).

3. T. S. Perry, "Designing a culture for creativity", *Research Technology Management* 38, nº 2, março de 1995.

4. Edgar Schein, *Cultura organizacional e liderança* (Editora Atlas, 2009).

5. Charles A. O'Reilly III e Jeffrey Pfeffer, *Hidden value: how great companies achieve extraordinary results with ordinary people* (Harvard Business School Press, 2000).

6. Amy Edmondson, "Psychological safety and learning behavior in work teams", *Administrative Science Quarterly* 44, nº 4, junho de 1999.

7. Zappos, "Zappos family core value nr. 1: deliver WOW through service", site da Zappos, http://about.zappos.

com/our-unique-culture/zappos-core-values/deliver-wow-
-throughservice.

8. Zappos Staff, *Zappos 2009 Culture Book* (Las Vegas, Zappos, Inc.: 2009), 28.

9. Ibid., 262.

10. Tony Hsieh, *Satisfação garantida – no caminho do lucro e da paixão* (Ed. Thomas Nelson Brasil, 2010)

11. Norm Brodsky, "Learning from JetBlue", *Inc.* Magazine, 1º de março de 2004.

12. L. Berry e K. Seltman, *Management lessons from MayoClinic* (McGraw-Hill, 2008), 20.

13. Ibid., 36.

Capítulo 6

1. Ficamos entusiasmadas com a emocionante obra que um colega, Rob Huckman, tem desenvolvido sobre este tema, em especial sobre o atendimento de saúde.

2. Ouvimos o relato de Herb Kelleher e sua resposta às queixas da avó contado por Earl Sasser, da Harvard Business School, em dezembro de 2006.

3. Rob Walker, "Marketing pose", *New York Times Magazine,* 21 de julho de 2009, www.nytimes.com/2009/07/26/magazine/ 26FOB-consumed-t.html?scp=1&sq=lululemon&st=cse.

4. Para compreender o processo de chegada de um novato no setor, ver o clássico de Clay Christensen *The innovator's dilemma: when new technologies cause great firms to fail* (Harvard Business School Press, 1997).

5. Esses estágios foram identificados originalmente pela psiquiatra Elizabeth Kubler-Ross como um padrão recorrente diante de uma perda significativa.

6. O material sobre o CDM Group foi reunido a partir de entrevistas com Ed Wise, Dan Maher e Dan O'Brien, "Enabling excellence: let sharing set us free (A and B)", caso OU-155A (2009), estudo interno realizado pela "Omnicom University".

FRANCES FREI é professora de gestão de serviços na Harvard Business School e preside a cadeira dedicada ao tema na mesma instituição. As pesquisas por ela realizadas investigam maneiras como as empresas podem incorporar a excelência na prestação de serviços e já foram reproduzidas em publicações de prestígio, como a *Management Science* e a *Harvard Business Review*. Frances também publicou dezenas de estudos de caso sobre diversos setores, entre eles o mercado financeiro, governos, varejo, informática e telecomunicações.

Vários desses estudos de caso são apresentados no curso de gestão operacional de serviços, desenvolvido pela estudiosa com o objetivo de examinar os esforços das empresas para criar, administrar e melhorar suas experiências na prestação de serviços.

Atualmente, ela leciona e cordena o curso de primeiro ano da Harvard Business School, voltado para o desenvolvimento de aprendizado experimental e imersivo, com o objetivo geral de fortalecer a missão escolar de formar líderes capazes de fazer diferença no mundo. A professora comanda, ainda, o programa de formação executiva voltada para a busca de serviços excepcionais. Em várias ocasiões, recebeu o prêmio HBS Student Association Faculty Award.

Frances presta consultoria a empresas, orientando-as na criação de mais valor por meio da experiência de serviços. Seu trabalho se concentra em ajudar as organizações a fazer escolhas estratégicas que permitam se diferenciar no mercado de forma rentável. Faz parte também da diretoria da Advance Auto Parts e do conselho administrativo de várias organizações.

A autora obteve PhD em gestão de informação e operações na Wharton School, na University of Pennsylvania. Fez mestrado em engenharia industrial na Pennsylvania State University e graduação em matemática na University of Pennsylvania.

Ela define como seu principal desafio ajudar os líderes a criar impacto e a remover as dificuldades que podem se transformar em impedimento para uma prestação de serviços de qualidade.

ANNE MORRISS dedicou os últimos 15 anos à formação de empreendedores sociais em todo o mundo. Sua carreira teve início em uma região agrícola da América Latina, onde trabalhou pra prestar apoio ao desenvolvimento de líderes em comunidades remotas.

Atualmente, é diretora administrativa do Concire Leadership Institute, que ajudou a fundar em 2007 com o objetivo de orientar líderes dos setores privado, público e social a identificarem e eliminarem as barreiras que impedem a excelência. Trabalhou em diversas empresas dos Estados Unidos e da América Latina com questões relacionadas a estratégia, liderança e mudanças institucionais. Entre seus clientes, estão desde companhias relacionadas na *Fortune* 50 em busca de reposicionamento em mercados globais a líderes do terceiro setor dedicados a ampliar a competitividade nacional.

Na condição de conselheira do OTF Group, Anne atuou junto à equipe do presidente Leonel Fernandez na reformulação da estratégia industrial da República Dominicana. Também prestou consultoria ao governo de Trinidad e Tobago em projetos voltados à diversificação da economia, baseada na extração do petróleo e na produção de gasolina, com vistas à entrada em setores de alta tecnologia. Mais recentemente, trabalhou com o Banco Mundial no apoio aos líderes de 40 economias emergentes, a fim de ampliar o empreendedorismo e a capacidade de inovação locais.

Entre outras atividades, Anne comandou a equipe financeira da campanha de Marty Meehan e participou da direção da Amigos de las Américas, organização internacional dedicada à promoção da saúde da comunidade e ao desenvolvimento da liderança na América Latina. Atualmente, participa do conselho de diretores da empresa GenePeeks e da InnerCity Weightlifting, instituição voltada ao apoio à juventude urbana.

Anne é graduada em estudos americanos pela Brown University e fez MBA na Harvard Business School. Tem artigos publicados na *Harvard Business Review* e na *PODER Magazine*. Um ensaio de sua autoria integrou a publicação *In the river they swim: essays from around the world on enterprise solutions to poverty*. Anne Morriss viveu e trabalhou por longos períodos no Brasil, Equador, México e República Dominicana.

Conheça também outros títulos da HSM Editora

Vencedoras por opção
de Jim Collins & Morten T.Hansen - 352 páginas

Dez anos depois de escrever o best-seller *Empresas Feitas para Vencer*, Jim Collins retorna com outro trabalho inovador, dessa vez para perguntar: por que algumas empresas prosperam em períodos de incerteza, ou até de caos, e outras não? Baseado em nove anos de pesquisa, apoiado em análises rigorosas e cheio de histórias interessantes, Collins e seu colega Morten Hansen enumeram os princípios para a construção de uma empresa verdadeiramente grande em tempos imprevisíveis, tumultuados e dinâmicos.

Entendendo Michael Porter
de Joan Magretta - 256 páginas

A competição baseia-se em sempre "ser o melhor"? Se você respondeu "sim", cometeu um engano e precisa ler este livro, que reúne pela primeira vez todas as inovadoras ideias sobre competição e estratégia que Porter criou e desenvolveu ao longo de três décadas.
Vantagem competitiva, cadeia de valor, cinco forças – estes e outros conceitos são conhecidos por executivos no mundo todo. Mas será que são bem utilizados? Joan Magretta afirma que não e aponta para o leitor as concepções mais errôneas, entre elas a de que competir para ser o melhor deve ser a prioridade de todos os gestores. Com uma entrevista inédita com Michael Porter e um glossário de conceitos-chave, esta obra será a bíblia dos gestores para o entendimento e a prática da estratégia.

Brandwashed
de Martin Lindstrom -344 páginas

Nessa obra, um dos mais importantes profissionais de marketing do mundo desvenda para o leitor o que é o *brandwashing*, que envolve todas as estratégias secretas do marketing e da propaganda. Com base em sua experiência junto às maiores empresas do mundo, e em informações obtidas em pesquisa inédita realizada para o livro, Lindstrom explica, entre outras coisas: por que dormimos com nossos smartphones embaixo do travesseiro, aceitamos cartões fidelidade de lojas, ficamos viciados em certas marcas de cosméticos e somos bombardeados com anúncios feitos sob medida para nosso perfil psicológico. Livro imperdível para leigos que não querem ser *brandwashed* e também para os profissionais de marketing e propaganda.